증오의 역습

Die dunkle Leidenschaft. Wie Hass entsteht und was er mit uns macht
by Prof. Dr. med. Reinhard Haller © GRÄFE UND UNZER VERLAG GMBH, 2022
Korean Translation ⓒ 2024 by Book.People.House
All rights reserved.
The Korean language edition is published by arrangement with
GRÄFE UND UNZER VERLAG GMBH through MOMO Agency, Seoul.

이 책의 한국어판 저작권은 모모 에이전시를 통해 GRÄFE UND UNZER VERLAG GMBH와
독점 계약한 책사람집에 있습니다.
저작권법에 의해 한국 내에서 보호를 받는 저작물이므로 무단전재와 무단복제를 금합니다.

Reinhard
Haller

모든 것을 파괴하는 어두운 열정
: 증오의 역습

라인하르트 할러 ｜ 김희상 옮김

CONTENTS

prologue
서로 미워하고 서로 파괴하는 인생을 멈추기 위하여 · 006

●

chapter 01
장악당한 인격 — 사랑의 정반대편에 관한 오래된 생각들 · 013

chapter 02
진화 — 증오는 어떻게 우리 안에 살게 되었을까? · 035

chapter 03
씨앗들 — 거부된 공감, 침묵의 소리, 실망과 모욕의 흔적 · 051

chapter 04
영혼의 치부
— 니체와 『모비 딕』, 그리고 가장 은밀하고 지독한 · 065

chapter 05
역습 — 나를 지켜 주던 보호견이 내 영혼을 물어뜯었다! · 083

chapter 06
증오의 속살 — 파괴의 근원에 숨겨진 진실 · 099

chapter 07
불손한 친척들 — 화, 분노, 경멸, 혐오 · 121

chapter 08
증오의 얼굴 — 편집증, 나르시시즘, 자아 중독 · 141

●

chapter 09
내면의 투쟁 — 자아 최적화 시대의 자기혐오 · **159**

chapter 10
여성과 남성
— 어쩌다 이토록 끔찍한 사이가 되었을까? · **175**

chapter 11
혐오, 낙인, 페미사이드, 인셀
— 결국 불태워지는 것은 우리 자신이다! · **197**

chapter 12
디지털 분노 — 파괴의 네트워크에서 벗어나기 · **221**

chapter 13
파괴의 도구들
— 히틀러의 선전포고에서 해밀턴의 가스라이팅까지 · **235**

chapter 14
증오 극복 10단계
— 나를 모조리 태워 버리기 전에 알아야 할 것들 · **251**

chapter 15
증오로 얼룩져 가는 사회에서 벗어나는 법 · **267**

참고문헌 · **283**

prologue

서로 미워하고 서로 파괴하는 인생을
멈추기 위하여

나는 증오를 증오한다. 그래서 이 책을 써야만 했다. 책을 구상하고 집필을 하는 동안 한시도 잊지 않고 되새긴 다짐이다. 누군가에겐 말장난처럼 들릴지도 모르겠지만, 증오에 관해 생각할 때 놓쳐서는 안 될 거의 모든 것이 담긴 표현이다. 이 짧은 문장은 증오가 아무리 미묘하고 복잡한 감정일지라도, 그것에서는 티끌만큼도 긍정적인 측면을 찾을 수 없다는 것을 나에게 상기시켜 주었다.

증오라는 단어를 듣는 것만으로도 저항감이 들고 증오와 비슷한 혐오감을 느낄 정도로 우리는 증오의 감정을 알고 있다. 그러나 증오라는 하나의 현상을 학문적으로 다루는 일은 쉽지 않다. 게다가 증오를 주제로 글을 쓰는 일은 조금도 즐겁지 않다.

지금 이 순간에도 새로운 모습으로 나타나 끓어오르는 증오, 특히 최근 자주 목격되는 "네트워크상의 증오"의 폐해는 이 파괴적인 감정을 막는 것이야말로 우리 시대의 절박한 의무라는 점을 일깨운다. 터무니없는 증오에 맞서는 일이 불편하고 그것을 극복하기란 때로는 가망이 없어 보일지라도, 증오에 대처하는 일은 더 이상 미룰 수 없는 오늘의 과제다.

• • •

심리학은 증오라는 음산한 감정을 다른 어떤 학문보다 더 냉철하게 다루고 그 어떤 금기도 허용하지 않으며 신비의 너울을 말끔히 걷어내 투명하게 밝히려 노력하는 학문이다. 증오는 왜 생겨나는지, 어떻게 자라나고 어떤 결과를 초래하는지 따져 보고, 우리 자신의 증오는 현재 어떤 모습인지 돌아볼 수 있다면, 이 복잡한 감정의 위험에서 조금이라도 벗어날 수 있을 것이다.

증오와의 싸움에서 '앎'은 우리에게 아주 강력한 힘이 되어 준다. 이 사악하고 차가운 감정을 누를 힘은 '지식'에서 비롯되기 때문이다. 책 전체를 관통하는 정의를 미리 밝혀 놓는다면, 증오는 "오직 파괴를 지향하는 성향"이자 "경멸의 가장 파괴적인 형태"이다. 농밀한 적대감이자 공격성인 증오는 강력한 독성을 지닌 침묵과 거친 언사를 일삼는 폭력, 개인 간의 격렬한 대결과 사회 갈등, 차별과 집단 폭력, 최악의 경우에는 범죄와 전쟁으로 표출된다.

우리가 흔히 부정적이라고 알고 있는 감정에도 긍정적인 측면은 있다. 분노는 막혔던 가슴을 뻥 뚫어 주며 기분을 순화해 준다. 격분은 망가진 정의감을 회복해 주는 덕에 신성한 것으로 떠받들어지기도 한다. 질투는 야망을 자극해 실력을 쌓을 계기를 제공하며, 달콤할 수도 있는 복수는 꽤 다면적인 감정이다. 심지어 오늘날 비난과 논란에 한복판에 서 있는 나르시시즘은 적어도 자존감을 키워 준다. 하지만 증오에서는 좋은 것이라고는 단 하나도 발견할 수 없다. 증오는 오로지 상대를 무릎 꿇리고 파괴하려고 달려들 뿐이다. 그래서 증오하는 사람은 분노의 경우처럼 만족을, 복수에서처럼 승리감을 얻지 못하며, 오직 불안과 근심과 암담함과 공허, 결국 죽음의 기운과도 같은 음산함만을 느낄 수 있을 뿐이다. 그리고 증오는 그것을 품은 이의 신체에까지 고통을 유발한다.

그동안 여러 학문, 예를 들어 철학, 신학, 심리학, 사회학, 정치학 등이 증오의 정체를 밝히려 부단히 노력해 왔다. 그 많은 연구 성과를 종합해 보면, 증오는 오로지 인간에게서만 찾아볼 수 있는 공격성이다. 증오는 자신을 위협하고, 또 앞으로 위험하게 만들 모든 것을 파괴하려 한다. 그리고 여타의 감정과 이성을 통제한다.

증오는 인간의 모든 감정 가운데 가장 원초적인 것이다. 일찍이 정신분석의 창시자 지그문트 프로이트Sigmund Freud는 증오를 "잔혹함에 끌리는 충동"이라고 묘사했다. 증오의 싹을 품거나 키우고 있는 사람은 차분하게 앉아 자신의 감정을 헤아리지 못하며, 타인의 생각과 행동에 대해 섬세하게 공감할 수도 없다. 증오는 특유의 냉혹함과 철저함과 파괴의 강박으로 한 사람의 이성과 감정을 장악해 버리기 때문이다.

· · ·

우리 사회의 증오는 지금 어떤 모습을 하고 있을까? 문명화한 오늘의 세계에서 증오는 파괴성을 잃고 다른 형태로 그에 걸맞은 자리를 찾았을까? 이를테면 증오는 어쩔 수 없이 독신으로 살고 있는 남자들의 그룹인 인셀Incel, involuntary celibacy의 맹목적 감정 정도로만 표출될 뿐일까? 아니면 '증오 범죄'를 다루는 뉴스나 소셜미디어에서 횡행하는 증오 메시지에서 보듯 득세하고 있을까?

어쨌든 사랑의 막강한 적수인 증오는 시대를 뛰어넘어 어디에나 존재하는 보편적인 현상이다. 그리고 문화와 문명의 발전에도 불구하고 증오는 가상화한 형태, 포퓰리즘, 극단주의, 외국인 혐오 등으로 기승을 부린다. 냉소와 조롱으로 뒤범벅되어 극단적 언어로 무장한 증오는 증오 발언, 논평, 댓글 등으로 퍼져 나가며 디지털 증오 문화로 확대되고 있다.

비록 오늘날 증오라는 단어가 일상의 불편함, 예를 들어 "나는 지루함을 증오해"라든가 "나는 시금치를 증오해" 하는 따위의 기호를 표현하는 데 쓰인다고 할지라도, 증오에는 아무렇게나 흔히 쓰는 말 이상의 함의가 있다는 점을 똑똑히 알아야만 한다. 증오는 분노, 시기, 복수심, 질투라든가, 사랑, 기쁨, 호감 등의 반대편 감정과 마찬가지로, 인간의 기본 감정 가운데 하나이다. 우리는 증오를 가장 내밀한 형태, 곧 "자기혐오"로 발견하기도 한다.

뇌과학, 심리학, 철학, 사회학이 일궈 낸 성과를 바탕으로 나는 범죄심리학과, 심리 치료 현장에서 경험한 사례를 두루 살피며 다음 물음의 답을 추적할 생각이다.

- 우리는 누구나 증오를 느낄까?
- 사랑과 반대인 증오를 전혀 느끼지 않는 사람도 있을까?
- 증오에 사로잡힌 사람은 악성 나르시시즘 또는 화, 격분, 시기, 복수심에 물든 사람과 어떤 공통점이 있을까?
- 증오는 화, 분노, 나르시시즘, 공감 능력 결여와 어떤 관계가 있을까?
- 교육, 사회 환경, 경험은 증오에 어떤 영향을 끼칠까?
- 정치와 종교 등 이데올로기는 증오에 어떤 영향을 미칠까?
- 증오의 씨앗은 어떻게 뿌려지고 싹을 틔우며 자라날까?
- 오늘날의 미디어는 증오 문제에 어떤 역할을 하고 있을까?
- 대체 누가 증오를 조장하고 찬양할까?
- 특히 어떤 사람이 증오 메시지에 쉽게 사로잡힐까?
- 증오가 자존감을 키워 주기도 할까, 아니면 우리를 고립시킬까?
- 증오의 희생자는 어떤 고통을 감내해야만 할까?

・・・

이 책은 증오의 뿌리를 찾아 그것이 표출되는 양상을 탐색할 것이다. 모습을 바꿔 가며 늘 새롭게 등장하는 증오에 빛을 비춰 정체를 밝힐 것이다. 동시에 증오의 파괴적인 영향을 있는 그대로 경고하고자 한다. 증오 범죄, 테러와 학살, 소수자 박해와 전쟁을 불러온 증오는 늘 사소한 곳에서 시작되었음을, 관계에서 빚어진 불쾌한 상황, 왜 저럴까 하는 의구심과 거부감이 재앙의 씨앗이었음을 일깨울 것이다. 마지막으로 증오의 주체와 대상, 가해자와 피해자가 어떻게 해야 증오를 다스리고 그 늪에서 빠져나올 수 있는지 해법을 제시할 것이다.

증오를 두고 불평하며 비난하고 저주를 퍼붓는다고 해서 얻을 수 있는 해결책은 없다. 다시 한번 강조하지만, 지금 우리는 증오를 미워하는 데서 멈춰서는 안 된다. 증오를 극복하기 위해 시급히 무엇이라도 해야 할 때이다. 서로 미워하고 서로 파괴하는 인생을 멈출 방법을 찾는 데 이 책이 기여할 수 있기를 간절히 소망한다.

라인하르트 할러

chapter 01

장악당한 인격
― 사랑의 정반대편에 관한 오래된 생각들

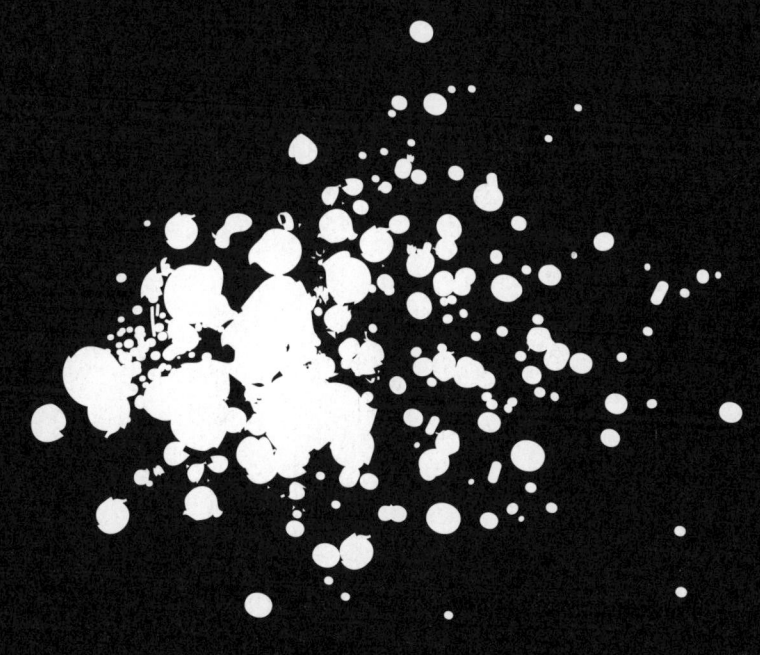

Die dunkle Leidenschaft
Wie Hass entsteht und was er mit uns macht

> "감옥을 벗어나 자유를 향한 문을 열었을 때,
> 나는 쓰라리기만 한 증오를 그곳에 두고 나오지 않는다면,
> 평생 그 안에 갇힌 신세가 될 수밖에 없음을 깨달았다."
>
> 넬슨 만델라 Nelson Mandela

증오를 해부대 위에 올려놓은 이유는 마치 범죄영화처럼 흥미를 자극하기 위해서가 아니다. 증오를 분석하려면 그 어떤 다른 현상을 대할 때보다 더 합리적이고 더 객관적인 시각이 요구되기 때문이다. 나는 지금 증오에 메스를 대려 한다. 절대적으로 냉철한 자세, 굳이 말하자면, 무자비하기까지 한 태도가 필요하다. 판단을 흐리는 감정적 편견을 떨쳐 버리고 난 후에야 비로소 증오의 속내를 밝혀낼 수 있다. 중요한 것은 먼저 증오를 투명하게 비추는 일이다. 증오의 섬뜩함과 동시에 증오가 가슴을 뛰게 만드는 측면 역시 살펴야 한다. 감정이입이나 공감과 같은 이해의 방법은 이 음산한 감정을 살피는 데는 역부족이다.

"증오를 어떻게 정의할 것인가?"라는 물음에 대한 답을 추적하기 전에 한 가지 사례를 먼저 살펴보도록 하자. 증오의 파괴적인 힘과 그것을 극복하는 긴 여정을 생생하게 그려 보여 줄 것이다.

몇 년에 걸친 괴로움

"남은 것이라고는 증오뿐이군." 깡마른 체구의 창백한, 한눈에 보아도 폭삭 늙어 버린 남자가 내뱉듯 말했다. "나는 전처를, 친구를, 법원을, 심리치료사를 증오해. 나는 세상 모든 게 싫어. 그중에서도 나 자신이 가장 미워." 8년의 형기를 마치고 석방된 남자는 그야말로 허무의 구렁텅이에 빠져 있었다. 집도, 일자리도, 친구도, 그를 도울 사람도 없었다. "오로지 증오만이 나를 살아 있게 하지. 증오가 없다면 나는 견딜 수 없을 거야. 물론 좋은 감정이 아니라는 건 나도 알아." 남자는 보호관찰관이 준 약간의 돈과 노숙자 쉼터 주소가 적힌 쪽지가 든 작은 손가방을 들고 자리에서 일어섰다. 그러고는 고개를 돌려 이렇게 소리쳤다. "다시 말해 두지만, 전부 증오해. 나는 결백해. 나는 내 아이에게 아무 짓도 하지 않았어."

8년 전 그는 미성년자를 성추행했다는 혐의로 유죄를 선고받았다. 그의 전처는 아이의 양육권을 둘러싼 공방 끝에 당시 네 살짜리 딸아이를 성추행한 명백한 증거가 있다며 남자를 고소했다. 진술 대 반대 진술, 전문가 소견 대 그 반대 소견, 신빙성 대 신뢰할 수 없음이 첨예하게 맞선 결과는 남자의 유죄였다. 무죄 추정의 원칙, 즉 의구심이 해소되지 않는 경우에는 유죄로 판결하지 않는다는 근본 원칙은 거론조차 되지 않았다. 남자는 전자 발찌를 차야 했고 유죄 선고를 받은 성범죄자에게 형집행정지나 사면은 배제되었다. 실형 선고는 법전에는 언급되지 않은 부수적인 처벌까지 끌어왔다. 해고, 친척이나 친구와의 단절, 아이에 대한 접근 금지, 소아성애자라는 낙인 등은 그를 사회로부터 격리하기에 충분했다. 교도소에서 상주 심리 치료사에게 상담을 받아 보기도 했지만, 300여 명이 넘는 수감자를 상대해야 하는 심리 치료사는 그의 처지에 안타까워하면서도 별다른 도움을 주지 못했다. 속이 타들어 가는 것만 같은 아픔을 견디다 못한 나머지 남자는 이 암담하기만 한 상황에서 자살을 결심했다. 그러나 억울하고 분한 마음에 쉽사리 죽을 수도 없었다. 그의 목숨을 부지해 준 것은 오로지 증오였다. 그는 속으로 증오를 키우며 싸우자, 또 싸우자고 다짐했다.

세월이 흘러 그는 형편이 나아졌다. 조촐하나마 먹고살 기반을 잡았으며, 심지어 새로운 배우자도 만났고, 그동안 성장한 딸과 재회도 했다. 그는 옛 보호관찰관을 찾아가 이렇게 말했다.

"아마도 나를 구해 준 것은 증오가 아닐까요. 하지만 증오는 오랫동안 나를 고립시키고 안에서부터 말라비틀어지게 해서 죽이려 했어요. 증오는 나에게 정말 많은 해악을 끼쳤습니다. 이제 나는 증오를 증오합니다."

증오의 특징을 하나씩 정리하고 다른 감정과 차이를 확인하면서 떠오른 의문은 "증오가 과연 감정으로 정의될 수 있을까?" 하는 근본적인 질문이었다. 심리학을 비롯해 여러 분야의 학자들은 증오가 분노나 혐오나 경멸과 같은 감정처럼 강력한 파괴력을 발휘한다는 점에서 이견을 보이지 않는다. 하지만 증오가 무엇인지

정의하기 어려운 이유는, 증오에는 흔히 다른 부정적인 감정이 잇따르고, 증오가 분출할 때 여러 감정이 함께 관찰되기 때문이다.

증오는 간단하게 묘사할 수 없는 복합적 감정인 동시에 일종의 사회적 상호작용이다. 시대와 분야를 초월해서 여러 학자와 사상가는 증오에 대해 다르게 생각해 왔다. 어떤 이는 증오의 존재 자체를 부정하는 반면, 또 어떤 이는 증오를 인간 존재의 중요한 본질이라고 여겼다. 예를 들어 유대계 독일 철학자 헤르만 코헨Hermann Cohen(1842~1918)은 그 자신이 "유대인 증오"의 제물이 되었음에도 이런 글을 남겼다. 그의 유고 속 한 문장이다.

> "나는 인간 심장에 증오가 도사리고 있다고 보지 않는다. … 나는 증오 자체를 인정하고 싶지 않다."

이와 반대로, 공산주의자에서 전체주의 비판가로 변신한 유대계 프랑스 철학자이자 에세이스트 앙드레 글뤽스만André Glucksmann(1937~2015)은 증오에 실존적 의미를 부여한다. 그는 증오가 인간 존재에 차지하는 위상을 데카르트의 유명한 명제 "코기토 에르고 숨Cogito ergo sum"에 빗대 표현했다.

> "나는 증오한다, 고로 나는 존재한다."

파괴를 향한 질주

철학은 다른 모든 분과 학문, 심지어 심리학과 사회학보다도 더 깊이 증오가 무엇인지 밝히려 노력해 왔다. 여러 철학은 증오의 대항마로 사랑을 대비시키고, 증오가 정서인지 충동인지 아니면 격정인지 탐색했다.

고대 그리스의 철학자 아리스토텔레스(기원전 384~322)는 다른 감정, 특히 짧은 순간 폭발하는 분노와 증오의 차이에 주목했다. 증오는 추상적인 현상이기는 하지만, 특정인 또는 특정 집단을 상대로 아주 구체적인 파괴력을 행사한다. 바로 이것이 아리스토텔레스가 밝혀낸 증오의 가장 암울한 측면이다.

"누군가를 증오할 때 우리는 그 사람이 더는 존재하지 않기를 바란다."

그러나 또한 아리스토텔레스는 증오가 파괴적인 감정에 그치지 않고 윤리적인 특성도 가질 수 있다고 보았다. 범죄자를 향한 증오는 내가 도덕적으로 우월하다는 좋은 기분을 느끼게 해 준다는 것이다. 아리스토텔레스의 증오에 관한 최종적인 결론은 체념에 가까운 깨달음이다. 그에게 증오는 "치유될 수 없는 감정"이며, "관계를 전제로 빚어지는 감정"이다.

철학자는 대개 증오를 대단히 밀도 높은 감정, 모든 행동을 지배하는 감정이라 판단했다. 또한 증오는 지성으로는 통제되기 힘들고, 인간의 근본 정서에 깊게 뿌리내리고 있으며, 충동적이고 거의 중독에 가까운 특징을 보여 준다고 생각했다. 그리고 오랜 시간에 걸쳐 갈수록 그 위력을 키운다는 점을 확인해 주었다. 예를 들어 계몽주의 철학자 임마누엘 칸트(1724~1804)는 증오가 인간의 다른 열정과 마찬가지로 마음 깊이 파고들어 뿌리를 틀기 때문에 좀처럼 몰아내기 어렵다고 설명한다. 칸트는 증오를 정서라고 보기는 어렵다면서, 증오는 "성급하고 대단히 경솔한 감정"은 아니라고 설명했다.

"증오라는 격정은 적의 행동거지를 탐색해 가며 오랜 시간을 두고 깊게 뿌리를 내린다."

계속 흘러든 물이 고여 둑을 터트리듯 정서에는 폭발성이 있지만, 증오와 같은 격정은 흘러드는 물이 갈수록 그 바닥을 더 깊게 파 내려간다고 할 수 있다.

1886년에 키르히너Kirchner 출판사가 처음으로 출간한 위대한 저작 『철학 기본 개념어 사전Wörterbuch der philosophischen Grundbegriffe』 역시 증오를 "격정"으로 분류했다. 이 사전은 증오를 "생각만 해도 짜증을 유발하는 감정적 혐오"라고 정의한다. 아리스토텔레스와 마찬가지로 사전은 다른 공격적 감정의 특징인 파괴적 성격을 증오의 핵심으로 묘사한다.

"사랑의 반대 감정인 증오는 어떤 사람을 싫어할 뿐만 아니라, 그에게 해를 끼치려 한다. 증오는 주로 이기심, 질투, 상처받은 야망, 허영 또는 버림받은 사랑 탓에 생겨난다. … 물건은 증오의 대상일 수 없다. 우리는 물건을 싫어하거나 혐오해 얼마든지 파괴할 수 있지만, 물건에 해를 끼칠 수는 없기 때문이다."

치명적인 결함

철학은 증오의 또 다른 중요한 측면, 즉 "합리적 이성과 공격적 감정의 위험한 결합"에 주목한다. 일찍이 유대계 네덜란드 철학자 바뤼흐 스피노자(1632~1677)는 "미움으로 얼룩진 생각과 파괴적 감정이 뒤섞이는" 증오의 위험을 경고했다.

"증오는 외적 원인과 맞물려 발생하는 불쾌함이다."

스피노자는 증오는 질투, 탐욕, 시기와는 다르게 상대방의 완전한 파괴를 목표로 한다고 정확하게 짚어 낸다. 증오하는 사람은 자신이 겪는 불행의 원인을 제공했다고 믿는 증오 대상에게 그가 이 세계에 존재해야 할 어떤 권리도 허용하지 않는다. 그러나 스피노자는 어떻게 해야 증오를 극복할 수 있는지도 함께 보여 주었다. 그 방법은 곧 투명성과 치료이다.

"불쾌한 감정과 함께 불행하다고 느끼게 하는 원인이 무엇인지 투명하게 짚어 낼 수만 있다면, 우리는 상대를 제거하려 하지 않는다."

강력하면서 한결같은 감정 운동

부다페스트에서 태어나 오스트리아에서 철학을 공부하고 영국에서 활동한 철학자 아우렐 콜나이Aurel Kolnai(1900~1973)는 처음으로 증오를 전면적으로 다룬 연구자다. 본래 지그문트 프로이트의 제자였다가 철학으로 전공을 바꾼 콜나이는 증오를 상대에게 느끼는 적대감, 저항심, 거부감과 같은 부정적인 감정, 영혼 깊숙한 곳에 똬리를 틀고 앉아 지배력을 행사하면서 상대를 "파괴"하려는 경향을 보이는 부정적 감정으로 묘사한다. 그에 따르면, 증오는 분노나 욕지기와는 반대로 좀체 바뀌려 하지 않는 고집이면서도, "강력하면서 한결같은 감정 운동"으로 흔히 경멸과 무기력함으로 이어진다. 대개 자신감 또는 도덕적으로 더 낫다는 우월함과 맞물린 경멸과는 대조적으로, 증오는 자신보다 더 우월하거나 적어도 동등한 대상에게 느끼는 감정이다.

증오 철학 대회

증오를 주제로 이뤄진 최근의 철학적 성찰은 2021년 하노버 철학 연구소가 주최한 학술 에세이 대회일 것이다. 대회가 내건 주제는 다음과 같다. "철학은 증오를 설명할 수 있을까?" 지원자들은 증오가 그저 공격성에 지나지 않는지, 하나의 카테고리로 묶을 수 없을 만큼 다양한지, "뜨거운 증오"와 "차가운 증오" 사이에 무슨 공통점이 있는지 등의 물음에 대해 자유롭게 성찰을 펼쳤다.

대회의 우승자는 에르푸르트 대학교 출신 도미니크마르셀 코자크Dominique-Marcel Kosack였다. 그는 정당한 증오와 비난받아 마땅한 증오를 구분할 수 있을까, 증오도 정당성을 부여받을 수 있지 않을까, 이를테면 민주주의의 적을 겨눈 증오는 정당하지 않을까, 하는 등의 물음을 다루었다. 코자크는 겉보기로는 정당해 보이는 증오라 할지라도 그 바탕은 인지적 오류, 곧 오해라고 지적하며, 증오는 말 그대로 당사자를 맹목적으로 만들기 때문에 민주주의의 가치에 어긋난다는 결론을 내렸다.

2위에 오른 취리히 연방 공과 대학교의 파비앙 포르스터Fabienne Forster는 사랑과 우정을 투영해 증오의 본질을 성찰한다. 증오는 항상 "악의"를 품고 상대방을 근본적으로 곡해하고 부정하며 끌어내리려 안간힘을 쓴다. 증오는 이처럼 아예 마음의 문을 닫고 상대를 제대로 알아보려 하지 않는 무지의 결과물이다. 이런 "냉혹한 무지"에 맞서려면 사람들이 안정적인 관계를 꾸려 갈 수 있는 사회 환경을 조성하고 사람들이 늘 새로운 관계를 맺을 수 있는 기회를 열어 주어야 한다.

마지막으로 3위를 차지한 스코틀랜드 애버딘 대학교의 마리아 우스Maria Wuth는 우승자와 마찬가지로 증오를 개인의 차원을 넘어 바람직한 교류를 무너뜨리는 정치와 사회의 증상으로 바라본다. 경쟁과 실적만 강조하는 사회·경제적 환경은 증오를 키울 수밖에 없다. 이런 증오는 심지어 굳은 의지를 가진 사람조차 비합리적으로 행동하게 만든다.

증오는 심리 질환일까?

증오는 공격성, 파괴적 에너지, 사악한 감정 또는 시커먼 격정으로 표현되곤 한다. 그러나 증오를 병리학의 관점으로 바라보며 미친 증상 또는 비정상으로 분류하는 것이 과연 올바른 이해일까? 이 물음에 대해 심리학은 명확한 답을 주지는 못하지만, 증오가 어떻게 생겨나 발전하는지 "정상적인 증오"를 이해할 몇 가지 모델을 제시한다.

심리학은 일단 증오를 공격적 감정으로 파악한다. 이미 1732년에 출간된 『백과사전Universal-Lexicon』은 증오를 "평온한 감정을 흔들어 파괴적 에너지를 발산하는 불편한 감정"이라고 정의했다. 이후 학자들은 무엇보다도 증오의 충동적 측면에 주목했다. 무의식이 어떻게 생겨나고 어떤 영향을 끼치는지를 정신분석으로 규명해 기념비적인 이론을 세운 지그문트 프로이트는 증오를 생명에 대립하는 "죽음 충동"이 외부로 나타나는 것이라고 정리했다. 생명을 파괴하려는 이 충동은 생명을 경직과 죽음으로 되돌리려 달려든다.

괴물과의 싸움

정신과 전문의에게 증오 문제로 환자가 찾아오는 일은 드물다. 그런데 바로 그런 환자가 나를 찾아왔다. 당시 48세의 율리아는 인사가 끝나기 무섭게 자신이 아무래도 "증오 병"을 앓고 있는 것 같다고 말을 꺼냈다. 나를 찾아오는 대개의 중년 여성은 두려움이나 우울함 또는 인간관계의 갈등이나 자녀 걱정을 늘어놓는 편인데 놀라지 않을 수 없었다. 그녀는 이미 오래전부터 자신을 괴롭혀 온 증오 감정으로부터 해방시켜 줄 치료를 간청했다.

"그건 일종의 강박, 냉혹한 세계에 사로잡혀 끊임없이 노심초사하는, 지독하게 불편한 감정이에요. … 더는 이런 냉혹함을 견딜 수가 없어요. 이대로라면 결국 고립되어 미쳐 버릴 거 같아요. 다시 기쁨을, 내 안에 온기를 느끼고 싶어요."

모든 일은 전혀 눈치채지 못한 가운데 시작되었다. 링에 올라 팔이 여러 개 달린 괴물과 피투성이가 되도록 싸우는 악몽에서 깨어난 그녀는 온종일 불쾌하고 음울하기만 했다. 왜 이렇게 불편한지 그 원인을 찾아내려 골몰하다가 그녀는 그때까지 알아차리지 못했던 감정을 처음으로 깨달았다. 당시 그녀의 결혼생활은 위기를 넘어 붕괴 일보 직전이었다. 그녀는 가족을 지키고 남편과의 애정을 회복하려 오랫동안 안간힘을 쓰면서 희망과 좌절 사이를 오갔다. 남편은 예전에 집을 나가 버렸다. 이혼의 합의 조건, 자녀의 양육권과 면접권을 놓고 다투면서 율리아는 미처 몰랐던 남편의 추한 면모를 발견하게 되었다. 타협이라고는 모르는 막무가내, 거만함, 오로지 변호사만 통하는 연락 등 옹졸하고 비열한 모습에 그녀는 내가 저런 남자와 결혼했구나 하며 가슴을 쳤다. 전화를 걸면 바로 끊었으며, 메일에는 답장하지 않았고, SNS는 차단했다. 율리아는 단지 체념의 수준을 넘어서서 만신창이가 된 무력감을 느꼈다. 그때 이 새로운, 차갑고 낯설지만 어딘지 모르게 위안을 주는 감정이 슬그머니 고개를 든 것이다.

화나 분노와는 사뭇 다른 느낌을 선사하는 증오는 남편을 상대로 필사적인 반격을 할 무언가를 손에 쥔 것 같은 힘, 어딘지 모르게 "기분 나쁜 힘"을 율리아에게 불어넣었다. 그리고 곧 증오는 다른 모든 느낌을 마비시켰다. 그녀는 그 어떤 것에도 감흥을 느끼지 못했으며, 일상은 무미건조해졌다. "증오는 생쥐처럼 내 영혼을 갉아먹었습니다." 증오가 그녀를 차지했고, 그녀는 완전히 고립되었다. 그녀는 남편과의 감정은 깨끗이 정리했다. 하지만 증오는 정리되지 않았다. 율리아는 얼마 전 에드바르트 뭉크Edvard Munch의 작품 〈절규Skrik〉를 보았다고 했다. 작품 속에서 절망한 나머지 소리 없는 비명을 지르는 사람과 마찬가지로 자신도 버려진 느낌에 참담하다고도 했다. "그때 깨달았어요. 나는 치료가 필요하구나."

증오는 분명 죽음 본능이 엄습해 인격을 송두리째 장악했음을 강력하게 보여 주는 감정이다. 이를 두고 프로이트는 정확하게 "잔혹함의 충동"이라고 표현했다. 정신분석학자들은 이 해석을 고스란히 받아들였다. 영국을 대표하는 지성 가운데 한 사람인 마르크스주의 문화 비평가 테리 이글턴Terry Eagleton은 자신의 책 『악On Evil』(2010)에서 "달랠 수 없는 증오를 상대에게 분출하는 것"은

"외부로 향한 죽음 본능"이라고 표현했다. 그러나 이 분노하는 폭력성에는 결정적인 결함이 있다. 바로 자신이 아무것도 아니라는 참을 수 없는 공허를 타인을 제물 삼아 달래려는 비겁함이다.

증오는, 다소 차이가 있기는 하지만, 잔혹함과 파괴를 동반한 격정, 죽음 충동이라는 것이 한결같은 해석이다.

독일의 심리학자 카를하인츠 비테Karlheinz Witte 교수는 그 어느 쪽에도 치우치지 않고 증오의 전모를 분석하려 노력했다. 그는 사람에게 상처를 안기고 굴욕을 맛보게 하는 가장 중요한 원인인 증오의 핵심 특징을 다음과 같이 정리했다.

- 증오는 상대에게 굴욕을 안기려는 충동이다. 증오는 상대에게 고통과 상처를 주고 근심에 빠뜨리려 한다.
- 증오는 분노처럼 확 타오르는 폭발적인 감정일 뿐만 아니라, 집요하며 그 내용을 분석할 수 있는 복합적 감정이다.
- 증오는 상대에게 굴욕을 안기려 하면서도, 양심의 가책이나 후회 같은 건 모른다. 더 나아가 당사자는 증오로 입게 될 해악(경우에 따라서는 법적인 처벌)도 두려워하지 않고, 심지어 감수할 각오까지 다진다.
- 증오는 근본적으로 자신보다 약한 사람이 아니라, 강자를 겨눈다.

한편 에리히 프롬Erich Fromm(1900~1980)은 반사적인 증오와 천성적인 증오를 구분한다. 이 구분법은 증오를 연구하는 학문은 물론이고 치료에도 응용할 수 있다. 반사적인 증오는 걸었던 기대가 깨지는 실망에서 비롯한다. 반대로 성격에 뿌리를 둔 증오는 끊임없이 파괴성을 드러내는 인성의 한 부분이다. 프롬의 중요한 저작 『정신분석과 윤리Psychoanalyse und Ethik』(1947)는 "천성적 증오는 끊임없이 누군가 미워해야만 직성이 풀리는 성격적 특징이다. 이런 성격의 소유자는 어떤 외적인 계기로 누군가를 증오하는 게 아니라, 타고난 성격 자체가 적대적이다"라고 밝히고 있다. 증오가 개인의 천성에서 비롯되는지, 아니면 살아가면서 겪는 일과 상황 때문에 생겨나는지, 이 근본적인 분류는 프롬의 책이 밝힌 중요한 성과이다. 우리는 이 분류에 따라 "증오 인성"을 가려볼 수 있게 되었다.

증오는 죄악일까?

증오가 십계명에는 등장하지 않는다는 점은 흥미롭다. 기독교가 꼽는 일곱 가지 죄악(교만, 인색, 음욕, 분노, 탐욕, 시기, 나태) 가운데에도 증오는 없다. 어째서 기독교는 그 사악함과 파괴적 잠재력에도 증오를 죄악으로 보지 않았을까?

불교는 탐욕과 무지와 더불어 증오를 인간 정신을 더럽히는 세 가지 독으로 꼽는다. '삼독三毒' 탓에 인간은 생과 사를 거듭하는 무한 윤회를 피할 수 없다. 불교의 '생사륜生死輪'은 탐욕을 붉은 닭으로, 무지를 검은 돼지로, 증오는 녹색 뱀으로 상징한다. 녹색 뱀이라는 상징은 위협적인 감정을 뜻한다. 증오, 분노, 불만과 같은 파괴적인 감정, 사랑의 결여로 나타나는 파괴적인 감정을 불교는 거부한다. "정신을 더럽히는" 증오는 더할 수 없는 이기심, 더불어 사는 사람들을 상대로 아무 내실이 없이 요란하게 꾸미기만 한 자신을 주장하는 자아도취적 이기심으로 묘사된다. 티베트 의술은 삼독을 인간 정신이 만들어 내는 일종의 "체액"으로 보고 증오를 병을 일으키는 결정적인 원인으로 진단한다. 이 병은 선행을 쌓을 때 치유될 수 있다. 이처럼 불교의 증오는 치유하기 힘든 병의 원인 가운데 하나로 일종의 죄악이다.

이슬람은 애초부터 특정 조건에서 폭력을 용인하면서, 말하자면 증오를 허락해 주었다는 비난에 직면했다. 『코란』 60장 4절은 이런 맥락에서 자주 인용된다.

"너희는 아브라함과 그를 따르는 무리를 아름다운 모범으로 여길지라. 당시 그들은 사람들에게 이렇게 말했다. 신을 섬기지 않는 너희의 잘못에 우리는 아무 책임이 없다. 우리는 너희를 조금도 알고 싶지 않다. 너희가 신을 믿지 않는 한, 너희와 우리 사이에 적대감과 증오는 영원할지라."

테러리스트가 공격의 근거로 들먹이는 이 구절에는 반론이 만만치 않다. 이슬람은 본래 평화적인 종교이며, 압도적 다수의 신도는 광신적 경향과 전혀 상관이 없고, 오로지 테러리스트가 그 파괴적 의도를 포장하기 위해 종교를 오용하며 더럽히고 있을 뿐이다.

그런데 사랑을 가장 중시하는 기독교는 어째서 증오를 죄로 보지 않을까? 이 물음은 기독교 신학자조차 대답하기 어려워한다. 신학은 "증오가 사랑을 가장 거칠게 거스르기에 굳이 따지지 않아도 죄악"이라는 궁색한 답을 내놓곤 한다. 증오는 근본적으로 타인을 의도적으로 거부하려 한다는 점에서 그 자체로 죄악이다. 물론 거부는 개인의 자유와 의지에 따르는 것이라는 점에서 도덕적 평가 대상은 아닐 수 있다. 하지만 증오의 대상을 파괴해 없애려 하는 것은 죄라는 도덕적 평가를 받아 마땅하다. 의도적이고 의식적으로 상대를 파괴하려는 증오는 죄악이다.

증오 특징 일람

최근 독일의 지그문트 프로이트 연구소 소장이자 사회학 교수인 롤프 하우블Rolf Haubl과 라이프치히 대학교 역사·철학과 교수 폴커 카이자Volker Caysa가 정리한 "증오 특징 일람"은 증오를 보다 더 넓은 관점에서 파악하고 있다. 두 교수가 주고받은 편지를 엮어 펴낸 『증오와 폭력성Hass und Gewaltbereitschaft』(2007)은 다음과 같이 증오의 특징을 일목요연하게 정리하고 있다.

- **증오의 합리화로 상대를 깎아내리기**

  갖은 이유를 들먹여 가며 증오를 합리화하는 태도는 상대방 인격의 가치를 부정한다. 상대를 악마로 만들어 그 품격을 부정하는 증오는 마치 거룩한 분노뿐만 아니라 거룩한 증오가 있는 것만 같은 착각을 조장한다.

- **무관용**

무관용이란 자신과 다르게 생각하는 사람을 적대시하고 자신의 의견을 절대 진리인 양 부풀리는 편협함이다. 예를 들어 코로나 대책에 반대해 음모론까지 동원한 사람들의 행태에서 보듯, 무관용은 광신주의로 이어진다.

- **두려움**

증오의 본질은 두려움이다. 증오는 뿌리 깊은 의심과 불안을 터무니없이 부풀린다. 사실 진짜 속내는 이렇게 해서라도 의심과 불안을 몰아내 입을 닫게 만들려는 것이다. 과거에 폭력 피해를 당한 청소년에게서 이런 두려움이 인상 깊게 관찰된다. 이들은 또 공격당할까 두려운 나머지 극심한 증오를 내비치는데, 동시에 자신의 공격성을 피해 경험으로 정당화하며, 증오로 얼룩진 폭력성으로 자존감을 강화한다.

- **편집증적인 불신**

건강한 신중함을 무색하게 만드는 이 태도는 증오의 대상이 전혀 신뢰할 수 없으며, 오로지 나쁜 짓만 계획하는 심각한 위협이라고 단정한다. 그런 점에서 편집증적 불신은 "악성 나르시시즘"이라는 성격장애와 다르지 않다. 이런 성격장애는 연쇄살인범과 폭군이 보여 주는 전형적 특징이다. 하우블과 카이자는 편집증적 불신을 두려움과 더불어 증오의 본질을 이루는 측면이라고 정리한다.

• 은밀한 즐김

증오는 대상을 괴롭히는 것을 은밀히 즐긴다. 공격이 통한다는 쾌감 또는 증오를 불태우느라 알게 모르게 자라난 애증이 이런 심리의 배경이다. 이로써 사랑보다 더 오래가는 기묘한 관계가 형성된다.

• 공감 거부

감정이입과 공감을 거부하는 증오의 공격성은 대단하다. 감정이입과 공감은 공격성을 누그러뜨리는 중요한 요소이기 때문이다. 공감을 잃어버린 냉혹함은 폭력성만 키운다. 증오의 주체는 공감을 거부하면 죄책감을 줄일 수 있다.

• 증오 대상 굴복시키기

상대를 굴종시키려는 증오 주체는 사디스트처럼 상대를 괴롭히기를 즐기며 끝내 대상을 파괴하고 자신의 우월함을 과시하려 한다. 파괴는 철저한 굴욕, 영혼 살인, 상대를 사회적으로 매장하려는 음모를 뜻한다. 두 학자는 이렇게 정리한다. "증오를 일삼는 사람은 그 대상이 물리적으로 완전히 파괴되어야만 비로소 미소 지으며, 자신에게 상대의 생사를 결정할 힘이 있음을 확인했다고 믿는다."

• 잔혹함

인간을 제물로 삼아 고문하거나 전쟁 범죄에서 보듯 "잔혹함을 즐기는 광기"는 한편으로는 두려움과 공포를 퍼뜨리며, 다른 한편으로는 같은 욕망을 가진 사람들에게 어서 행동에 나서라고 선동한다.

인류 역사를 관통해 증오라는 현상이 되풀이해서 나타났듯, 증오를 설명하려는 시도도 꾸준했는데, 증오는 주로 공격적 감정, 계산적인 파괴성 또는 죽음 충동으로 묘사되어 왔다. 증오라는 음산하고 냉혹한 감정을 주제로 다룬 성찰, 이론, 정의, 묘사를 개괄해 보면, 증오는 "파괴적 격정"이라고 보는 관점이 적확해 보인다. 격정이란 정서를 완전히 사로잡는 감정으로 목표에 대한 집요하고 광적인 집착이다. 인간적이라고 볼 측면이 아예 없는 것은 아니지만, 저급한 감정, 동물의 본능과 비교해 더 나을 게 거의 없는, 원초적인 감정인 것이다.

증오를 해부대 위에 올렸던 모든 연구자는 한 가지 사실에는 동의한다. 증오는 사랑의 정반대 지점에 있다!

chapter 02

진화
—증오는 어떻게 우리 안에 살게 되었을까?

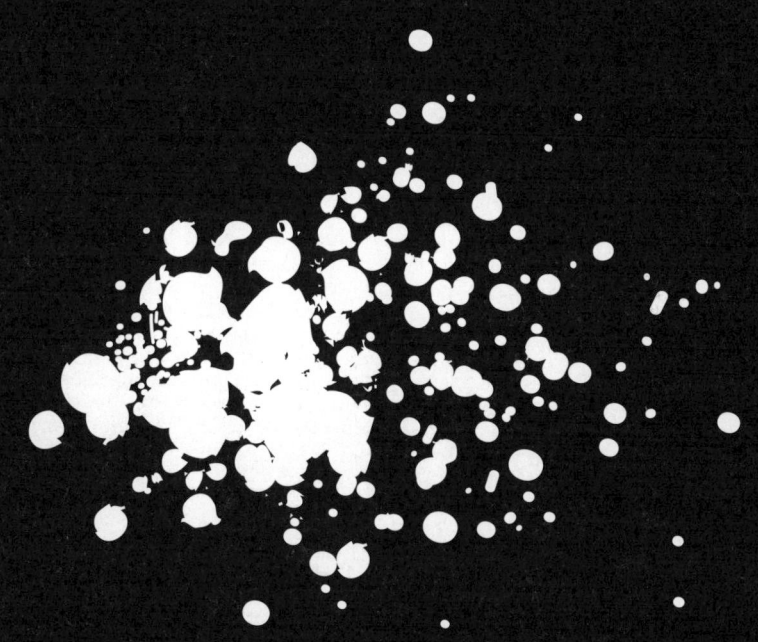

Die dunkle Leidenschaft
Wie Hass entsteht und was er mit uns macht

> "증오는 두려움의 무의식적 메아리이다.
> 두려움이 속으로 움츠러들며 지르는 비명의 반향이 증오이다."
>
> 그레이엄 그린 Graham Green

  심리학에서 조언을 구하고자 하는 사람에게 나는 신화나 동화, 전설에 몰두해 보라고 추천하기도 한다. 오랜 세월을 두고 푹 익은 이야기에는 지구상의 여러 민족이 세대를 거듭한 경험과 지혜가 쌓여 있기 때문이다.

  증오와 관련해서도 마찬가지다. 우리는 그리스 신화에서 지혜를 찾을 수 있다. 증오를 가장 인상 깊게 묘사하는 전설은 "아트레우스와 티에스테스 이야기"이다. 경험 연구의 중요성을 깨달은 자연과학의 시대가 도래하기 전, 사람들의 입에서 입으로 전해진 이 섬뜩한 이야기는 증오의 본질적 뿌리에서부터, 질투와 권력욕, 멈출 줄 모르는 파괴 강박, 그리고 증오가 어떻게 대대손손 이어지며 끔찍한 비극을 부르는지 생생하게 들려준다.

대대손손 이어진 저주

쌍둥이 아트레우스와 티에스테스는 저주로 얼룩진 탄탈로스 가문 출신이다. 가문의 시조 탄탈로스는 인간에게 신의 비밀을 누설했을 뿐만 아니라, 신이 정말 모든 것을 다 아는지 시험하고자 자기 아들 펠롭스를 죽여 그 고기로 신에게 만찬을 대접했다가 신의 분노를 샀다. 간계를 알아차리고 분노한 신은 탄탈로스에게 영원한 굶주림과 갈증에 시달리는 벌을 내리고, 그의 아들 펠롭스를 다시 살려 주었다.

펠롭스의 두 아들은 어머니 배 속에서부터 서로 증오했다. 이 대목은 증오가 타고나는 것일 수 있음을 암시한다. 쌍둥이 형제가 어려서부터 반목하며 공격을 일삼자, 아버지는 둘을 떼어 놓고 성장하는 동안 마주치지 않도록 했다. 그러나 아이들은 성장했고 곧 후계자 문제로 충돌하게 되었다. 쌍둥이는 한 예언자의 주문에 따르기로 합의했다. "신의 간택을 뜻하는 표시를 받는 쪽이 왕이 될 것이다." 아트레우스는 사냥의 여신에게 바칠 제물을 찾다가 황금 양을 발견하고 그 양이 간택의 표시라고 확신하며 회심의 미소를 지었다. 그러나 티에스테스와 은밀한 만남을 가져 오던 그의 아내는 이 비밀을 티에스테스에게 알려 주었다. 티에스테스는 황금 양을 훔쳐 신이 자신을 왕으로 점지했다며, 왕의 선출을 위해 모인 백성 앞에서 자랑했다. 아무것도 모르던 아트레우스는 깊은 충격을 받고 절망에 사로잡힌 나머지 제우스를 향해 울부짖으며 기도를 올렸다. 제우스는 아트레우스를 돕겠다고 약속했다. 제우스는 그에게 다시금 백성을 불러

모아 놓고 최고 신의 뜻을 선포하도록 했다. "쌍둥이 가운데 태양을 정오에 하늘 꼭대기에 멈추게 한 다음, 다시 거꾸로 돌아가게 만드는 쪽이 제우스의 뜻에 따라 왕이 되리라." 운집한 사람들은 실제로 태양신 헬리오스가 아트레우스의 외침에 맞춰 말을 멈추고 태양 마차를 되돌려 동쪽으로 돌아가는 장면을 목격했다. 이 대목은 신의 기적조차 증오를 끝낼 수 없다는 의미로 해석된다.

아트레우스는 왕좌에 오른 후에도 복수의 집념을 놓지 못했다. 티에스테스는 복수를 피하려 먼 나라로 피신했다. 아트레우스는 티에스테스에게 전령을 보내 이제는 평화롭게 지내고 싶다며 돌아와 주었으면 좋겠다는 뜻을 전했다. 이제는 영원할지도 모를 증오에 마침표를 찍고 싶다는 초대를 티에스테스는 받아들이고 아내와 두 어린 아들과 함께 아트레우스의 궁으로 돌아왔다. 왕은 궁전에서 친히 환영과 화해의 만찬을 베풀었다. 그런데 티에스테스가 식사를 마치자마자 아트레우스는 그의 얼굴을 노려보며 의기양양한 증오를 담아 외쳤다. "너는 방금 네 자식을 먹었어." 티에스테스는 자신의 두 아들의 인육으로 요리한 음식을 먹었던 것이다. 티에스테스는 치를 떨며 이보다 끔찍하게 복수하리라 다짐했다. 그는 예언가를 찾아가 앞날을 점쳐 달라고 매달렸다. 예언가는 그에게 사악하기 짝이 없는 길을 제시했다. 티에스테스가 자기 친딸을 임신시킨다면, 이렇게 태어나는 아이는 복수의 화신이 되리라는 것이었다. 복수심에 불타던 티에스테스는 죄책감도 없이 딸을 겁간했고, 딸은 아이기

스토스를 낳았다. 티에스테스는 이 아이를 손에 닿는 것마다 파괴해야만 직성이 풀리는 말 그대로 냉혈의 살인 기계로 키웠다. 고대의 작가들은 아이기스토스를 잔혹하기 짝이 없는 유혹자로 그렸다(오늘날이라면 그를 악성 나르시시스트의 원형이라 부를 것이다). 아이기스토스는 갓 일곱 살이 되었을 때 삼촌을 죽였다. 증오는 끝이 없었다. 아트레우스의 아들들, 스파르타의 왕 메넬라오스, 그리스의 투사 아가멤논까지 이어지면서 증오의 살육, 트로이 전쟁으로 이어졌다.

신화는 증오를 이해하려면 이 거대한 악의 덩어리를 빚어낸 기원으로 거슬러 올라가야 한다고 가르쳐 준다. 다시 말해서 인간이라는 종의 진화를 살펴야만 증오의 뿌리를 가늠할 수 있다는 것이다. 대대손손 이어지며 일어나는 변화는 앞으로도 지속될 게 분명하다. 선택과 변이를 통해 증오는 늘 새로운 면모를 갖춰 왔다. 물론 이 새로움이 개과천선은 아니었다.

노스캐롤라이나 듀크 대학교의 진화인류학 교수 브라이언 헤어Brian Hare는 매우 공격적인 침팬지와 유순해서 평화롭게 어울려 사는 보노보(이른바 피그미침팬지)의 차이를 살펴보면, 진화가 증오의 발달에 어떤 영향을 미쳤는지 확인할 수 있다고 보았다. 헤어는 인간과 99퍼센트 일치하는 이 원숭이 종의 유전자에 비추어 인간의 비밀도 밝혀낼 수 있을 것으로 기대했다. 실제로 예상과 크게 어긋나지 않는 결과를 얻어 냈다. 증오를 거침없이 드러내는 잔혹한 침팬지는 유순한 보노보보다 훨씬 더 뛰어난 생존능력을 보여 준다(인간의 증오는 이런 공격적 유전자에 뿌리를 둔 게 분명하다). 외부의 위협에 증오와 비슷한 감정을 보이며 공격적으로 반응하는 이 능력이 진화하는 과정에서 더욱 강하게 발달했을 것으로 보인다. 물론 인간과 매우 유사한 유전자를 가진 이 동물은 진화하면서 증오로 얼룩진 이 단계에 머물러 있지만은 않았다. 헤어의 연구가 위안을 주는 대목이다. 오히려 진화는 발전을 거듭해 가며 친근한 태도와 배려하는 자세를 더 나은 생존전략으로 채택했다. 인류학 역시 최근의 연구에서 이런 사실을 확인해 주고 있다. 결론적으로 진화는 '악함'을 승자로 인정하지 않았다. 동물 세계에서조차 증오는 진화하는 동안 퇴색했기 때문이다. 이런 사실이 희망을 선사한다. 진화는 증오를 누르는 쪽으로 방향을 잡아 왔다.

뇌의 증오 회로도

인간을 연구하는 일이 영혼, 정신, 사회성, 몸을 살피기보다는 오로지 뇌에만 집중하는 이 시대에 너무나도 자연스레 고개를 드는 의문은 "신경과학이 증오의 뿌리가 무엇인지 밝혀 줄 수 있을까?" 하는 것이다. 1천억 개가 넘는 신경세포와 580만 킬로미터 길이의 신경회로, 그리고 조 단위를 훌쩍 넘는 시냅스로 복잡하게 얽혀 있는 인간의 뇌는 아마도 그 전모를 파악할 수 없을 것이다. 그러나 오늘날 뇌 연구는, 예를 들어 신경세포의 전자 활동을 다루는 '자기뇌파검사Magnetoencephalography, MEG'는 뇌의 어떤 부위가 어떤 조건 아래서 활성화하는지 관찰할 수 있다.

그렇다면 인간의 뇌에서 증오를 맡는 부위가 어디인지도 알아낼 수 있지 않을까? 몇 가지 흥미로운 연구 결과가 있다. 증오 감정이 북받칠 때 뇌의 어느 부위가 작용하는지 확인한 연구인데, 운동을 관장하는 대뇌의 핵심 영역에 속하는 조가비핵Putamen과 부정적 자극에 반응하는 뇌섬엽insular cortex 부위가 증오 감정에 활발하게 반응했다. 두 영역 모두 뇌의 회백질, 곧 고급 능력을 담당하는 '회색 세포'의 일부이다. 위험을 감지하면 조가비핵은 도망치거나 공격하라는 신호를 보낸다. 즉 증오를 드러내거나 받을 때 뇌섬엽, 뇌 안쪽에 숨겨진 이 부위가 활발하게 활동한다는 것은 우리의 뇌가 증오 감정을 부정적 스트레스와 맞물린 아픔이나 혐오와 동일하게 평가한다는 점을 증명한다.

유니버시티 칼리지 런던의 신경생물학자 세미르 체키Semir Zeki와 존 로마야John Romaya는 일종의 "증오 회로도"를 발견했다. 두 연구자는 17명의 남녀 실험 참가자에게 그들의 지인 중 미워하는 사람과 기꺼이 만났으면 하는 사람의 사진을 보여 주었다. 조가비핵과 뇌섬엽의 활동을 측정한 결과, 이 두 부위는 분노나 두려움 같은 증오와 비슷한 감정이 아니라, 정확히 증오에서만 활성화되었다. 그러나 놀랍게도 이 두 부위는 사랑과 낭만적 감정에도 반응했다. 이 회로도의 발견은 애증의 구조만 증명한 게 아니다. 사랑과 증오가 이처럼 밀접하게 맞물려 있다는 사실은 부부 관계의 치료, 최소한 애증 관계로 얽힌 커플의 치료에 희망을 준다.

신경과학은 전두엽을 연구하면서 또 하나 흥미로운 점을 밝혀냈다. 자율신경과 자극 통제에 중요한 역할을 하는 전두엽에서 논리적 사고와 연관된 부분은 긍정적인 감정보다 부정적 감정에 훨씬 더 큰 영향을 받는다. 이런 사실로 미루어 추정하건대 증오 주체는 사랑보다는 통제하고자 하는 욕구가 훨씬 강한 것으로 판단된다. 이런 통제 욕구는 복수를 더 잘 계획하고자 하는 열망과 관련이 있는데, 증오의 계획적 사고가 얼마나 위험한지 증명해 준다.

어느 가족의 불화

두 오빠와 여동생을 이어 주는 끈이라고는 오로지 증오뿐이다. 형제는 부모에게 물려받은 허름한 집에서 살았다. 그러나 여동생은 정원 건너편 예쁜 방갈로에서 거주했다. 여동생은 이 방갈로를 부모에게 물려받은 돈으로 마련했다. 두 오빠는 여동생이 자신들보다 더 많은 유산을 상속받은 것이 못마땅했다. 여동생은 값비싼 고급 승용차도 유산으로 장만했으며, 운전사를 고용했고, 파출부까지 부르는 호사스러운 생활을 했다. 그녀는 67세라는 나이에도 최신 유행에 맞춰 옷을 입었다. 두 오빠는 불만이 대단했다. 3남매는 모두 시쳇말로 "늙은 미혼"이었다. 본격적인 다툼은 누가 부모의 묘를 돌보며, 공동 정원은 어떻게 관리할지를 둘러싸고 불거졌다. 감정의 골이 깊어진 3남매는 누가 누구에게 인사를 하지 않았는지, 누가 심술을 부렸는지, 마지막으로 커피 초대를 한 쪽은 어디인지를 따지며 마주쳤다 하면 서로 얼굴을 붉혔다.

어느 날 저녁 둘째 오빠는 여동생이 틀어 놓은 텔레비전이 너무 시끄럽다며 정원 창고로 달려가 커다란 삽 한 자루와 톱을 꺼내 들고 여동생 집의 문을 박차고 들어갔다. 그런 다음 졸고 있는 여동생을 삽으로 미친 듯이 때렸다. 그녀는 치명적인 부상을 입었다. 경찰 조사 결과, 심리적으로 매우 불안정한 상태였고 범행 당시 만취했던 남자는 늘 고압적인 형에게 조종을 당한 것으로 밝혀졌다. 부끄러운 줄 모르는 여동생에게 "확실히 본때를 보여 주어야" 하며, "유산을 가로채는 뻔뻔한 년은 치워야 마땅하다"라고 형은 동생과 맥주를 마시며 부추겼다고 한다.

범인의 상태를 진단한 정신과 전문의는 심각한 알코올 의존증으로 간경변증뿐 아니라 전두엽이 손상을 입었다고 진단했다. 의사는 범인은 두뇌를 말 그대로 "알코올에 푹 담갔다"고 할 수 있다고 표현했다. 법정은 범인이 자아를 통제할 능력을 상실해 심신미약으로 형을 치를 수 없다고 판결하고 요양원 치료를 명령했다. 형이 동생의 병리적 취약성을 이용해 증오심을 자극했는지 하는 물음은 해명될 수 없었다. 형은 무죄판결을 받았다.

충동적 힘으로서의 공격성

증오의 중요한 원동력, 말하자면 증오의 엔진은 공격성이다. 공격이냐 방어냐 하는 행동 방식은 인간과 동물 모두에 생물학적으로 깊이 뿌리내린 생존전략인데, 공격적 행동은 유전자와 뇌 신경계,

곧 호르몬과 신경전달물질의 작용으로 일어난다. 공격성은 심리 상태와 상황을 파악하는 인지능력(지적 능력)의 산물이다. 또한 혈통과 문화사, 사회적 측면 및 개인의 경험과 태도도 공격성에 영향을 미친다.

공격성은 동물이 보유한 근원적인 힘이다. 이 힘이 없다면 동물은 성장이나 진보는커녕 생존조차 힘들다. 한편 개인이 성장과 성숙뿐 아니라 사회 발전을 위해서는 이 엄청난 힘을 길들이는 것 또한 필수이다. 역동적인 공격성은 급류에 비유할 수 있다. 자연의 격렬한 힘을 전기 에너지로 바꾸고, 저장된 물로 농사를 짓는 것과 같이 지혜로운 선택이 이루어지지 않는다면, 공격성은 둑 터진 물처럼 엄청난 피해를 초래한다.

공격성은 생산적인 힘으로 승화되어야 한다. 갈피를 못 잡고 헤매는 공격성은 댐 안에서 불어나는 물처럼 그 힘을 엄청나게 키운다. 그리고 언제라도 자극만 주어지면 욱하는 분노처럼 폭발한다. 적절하게 발휘되지 못한 화는 속으로 쌓여 만성적인 심리 질환, 이른바 '속병'을 일으킨다. 속병은 신체적 증상을 드러낸다. 이런 심신 상관적 질병은 풀리지 않은 부정적 에너지가 원인이다. 예를 들어 우울증은 흔히 요통으로 이어진다. 경제적 곤궁 등으로 인한 두려움은 흔히 심장에 질환을 일으킨다. 중독성 물질에 손을 대는 것 역시 억누른 공격성 탓에 불안을 달래려 잘못된 "자기 치유"의 결과일 때도 잦다.

공격성은 물리적 형태, 이를테면 위협, 상해, 살상은 물론이고 공공기물 파손과 같은 물적 가해로 나타난다. 그러나 모욕, 조롱,

욕설과 같은 언어적 공격이 더 흔하다. 오늘날 인터넷에 넘쳐 나는 냉소와 빈정거림을 보라. 공격성은 은밀하게 독성을 뿜는 침묵(나중에 이 문제는 더 자세히 다루겠다)으로 표현되기도 하며, 아예 판타지 형태를 빌려 인터넷에 영상으로 출현하기도 한다. 사회적 공격성의 전형은 집단 폭행과 따돌림이다. 이 경우는 물리와 언어와 은폐가 복합적으로 작용한다.

생물학의 본능 이론은 공격적 행동이 개체 보존 본능에 충실한 것으로 설명한다. 충동 이론은 공격성을 절박한 욕구를 풀어내려 발산하는 힘으로 파악한다. 학습 이론은 공격성의 원인을 폭력적인 어른을 어려서부터 보고 자란 결과로 설명한다. 고전적인 조건 반사 이론은 보상과 처벌로 학습효과를 끌어올리는 방법이 폭력성과 선행을 키운다고 설명한다.

짜증, 화, 분노와 마찬가지로 증오는 공격성을 띤 감정이다. 이렇게 볼 때 좌절과 공격 사이의 상관관계를 살핀 가설은 증오를 이해하는 데 큰 도움을 준다. 이 이론의 기본 전제는 원했던 일을 성취하지 못한 실망과 좌절이 공격성을 부른다는 것인데, 기본 도식은 증오에도 그대로 적용된다. 증오는 말하자면 상처받은 마음의 기운을 바깥으로 뿜어내는 것이다. 대개 증오는 그 원인 제공자를 겨누지만, 다른 대상을 목표로 삼기도 한다. 그래서 학교에서 불공정한 행위를 일삼는 교사로 인한 증오는 매우 심각한 문제가 아닐 수 없다.

파괴를 향하여

앞서 우리는 공격성이 건설적인 공격성과 파괴적인 공격성으로 나뉜다는 점을 살펴보았다. 이제 중요한 물음은 "왜 그리고 어떻게 애초에 중립적이던 힘이 가장 파괴적인 형태인 증오로 변신할까?" 하는 것이다.

지그문트 프로이트와 고전적 정신분석이 그 변신의 원인을 죽음 충동으로 설명했다는 점은 앞서 살펴보았다. 증오의 대항마인 에로스는 관계를 맺고 지키면서 서로 아끼며 융합하기 위해 노력하는 반면, 죽음 충동은 관계의 해체를, 타인에게 상처를 입히고 파괴하는 경직과 죽음을 목표로 한다. 죽음 충동이 인격 전체를 장악하게 되면 철저하게 증오로 얼룩진 사악한 성격, 쉽사리 치유하기 힘든 병적 성향이 나타난다. 이런 특성은 인류 역사에 지울 수 없는 흔적을 남긴 폭군과 최악의 범죄자에게서 찾아볼 수 있다. 에리히 프롬은 그의 저서 『인간 파괴성의 해부학The Anatomy of Human Destructiveness』(1973)에서 죽음 충동에 병적으로 사로잡힌 인물, 증오로 물든 인물로 히틀러와 하인리히 힘러를 꼽았다.

자존감을 회복하려는 시도

프로이트의 제자였다가 훗날 스승과 반대되는 이론을 펼친 알프레드 아들러Alfred Adler(1870~1937) 역시 증오를 공격 본능으로 설명한다. 하지만 그는 증오의 주된 원인을 열등감에서 찾았다. 신체적 약점이나 사회적으로 부당한 대우 탓에 시달리는 사람은 어떻게 해서든 이런 느낌을 상쇄하려, 심리학의 용어로 말하자면, 보상하려 시도한다. 그리고 보상받고자 하는 이런 심리는 공격 본능을 키우는 것이다. 아들러는 증오를 다음 두 단계로 구분한다.

- **증오의 뜨거운 단계**
  당사자는 굴욕으로 힘들어하며 복수를 다짐한다. 그는 자신의 불운에 원인을 제공했다고 여기는 사람을 찍어 누르기 위해 어떻게든 높이 올라가 권력을 잡으려 한다. 추정이든 실제로든 굴욕을 안겨 준 증오 대상보다 우월한 지위에 서서 똑같이 굴욕으로 갚아 주려는 심리가 이런 행태를 낳는다. 이로써 예전에 맛본 열등감이 상쇄되어야만 한다.

- **증오의 차가운 단계**
  권력을 잡아 상대를 얕잡아 보며 우월감을 즐기는 때가 증오의 차가운 단계이다. 만족한 미소를 지으며 당사자는 상대를 무시하면서 거만하게 굴며 냉소를 흘린다.

그런데 증오 대상은 이 모든 것을 다시금 굴욕으로 받아들이며 새로운 증오로 반응한다. 이로써 증오의 소용돌이는 더욱 거세진다. "열등감과 우월감의 소용돌이"는 상처받은 자존감과 자신이 생각하는 공정함의 회복을 둘러싸고 끝없이 드잡이를 벌인다. 결국 이 싸움의 소용돌이는 파국을 부르고 만다.
증오의 대상이든 주체든, 아니 더 나아가 그들의 가족까지 파멸의 구렁텅이에 빠진다는 것은 티에스테스와 아트레우스의 이야기가 보여 주는 그대로이다. 숱한 역사 또한 서로 반목하고 증오하던 민족이 멸망한 사례를 전하고 있다.

스위스 출신으로 미국에서 활동한 정신분석학자 레옹 뷔름저 Léon Wurmser(1931~2020)는 증오를 "다양한 심리가 타협해서 이루어 낸 것", 곧 "여러 심리의 묶음"으로 정의했다. 상대의 인격을 무시하는 경멸, 이를테면 망신 주기나 혐오가 복합적으로 어우러진 감정이다. 의지, 갈망, 열망, 결심 같은 중요한 심리적 동기가 틀어막히면 증오가 고개를 든다. 그리고 증오는 언제나 파괴를 향하고 있다!

chapter 03

씨앗들
— 거부된 공감, 침묵의 소리, 실망과 모욕의 흔적

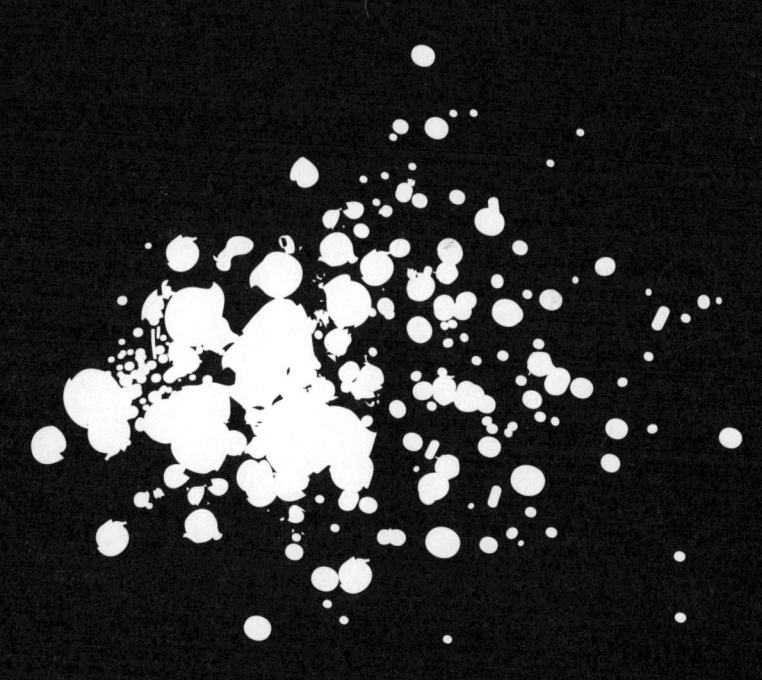

Die dunkle Leidenschaft
Wie Hass entsteht und was er mit uns macht

> "증오는 생명을 마비시킨다. 사랑은 생명을 자유롭게 풀어 준다.
> 증오는 인생을 혼란에 빠뜨린다. 사랑은 균형을 잡게 해 준다.
> 증오는 인생에 어두운 그늘을 드리우며, 사랑은 인생을 환하게 밝혀 준다."
>
> 마틴 루터 킹 Martin Luther King

아무리 잔인하고 격정적이며 냉혹하다 할지라도 증오는 일상의 사소함에서 시작된다. 그리고 그토록 별것 아닌 것처럼 보이는 소소한 증오는 어느 순간 심각한 과잉 증오 내지 증오 범죄에 못지않은 해악으로 자라난다. 증오의 뿌리는 개인의 내면, 사람과 사람의 만남, 곧 인간성의 체험에 드리워 있다. 증오는 긍정적 반응의 결여로 인한 실망으로 촉발된다. 이때의 실망은 대개 신경증을 유발하며, 심각한 종류의 질환으로 발전하기도 한다. 하지만 그 위험은 지나치게 과소평가되고 있다.

긍정적 공감의 결여

공감은 서로의 감정이나 생각이 같은 울림을 내는 것이다. 상대방이 보내는 신호에 대한 화답이랄까. 공감은 조화로운 울림을 추구하며 서로의 감정을 북돋운다.

긍정적 공감은 아주 좋은 심리 치료제이다. 적절하게 주고받는 공감은 자신감과 신뢰를 다지고, 태도를 개선하고, 회복탄력성을 향상해 주며, 동기를 부여하는 등 결코 사소하지 않은 행복의 요소이다. 그 최고의 형태가 사랑인 이 감정 증폭기가 올바로 작동하지 않을 때, 우리는 실망과 불안과 열등감에 시달리고, 우울증을 앓게 된다.

부모의 미소나 가족의 격려처럼 애정이 담긴 관심은 누구에게나 꼭 필요한 부드러운 힘이다. 인정과 격려, 칭찬을 아끼지 않는 교육은 더할 나위 없이 바람직한 결과를 이끌어 낸다. 하지만 안타깝게도 교육 현장은 이런 따뜻함에 인색하다. 나이가 들어갈수록 상호 존중과 품격 있는 만남이 중요하다. 인간은 평생 누군가 자신을 소중히 여겨 주고 믿어 주기를 갈망한다. 간단히 말해서 핵심은 언제나 사랑이다.

너무 흔한 도로 위의 증오

운전사는 빨간 신호에 멈춰 있던 트럭에서 벌컥 문을 열고 뛰어내렸다. 그러고는 이내 앞에 선 승용차의 운전석 문을 강제로 열고 주먹으로 운전자를 마구 때리고 끌어내리고 길바닥에 쓰러진 피해자의 머리와 가슴을 향해 발길질을 했다. 피해자는 생명이 위독할 정도의 중상을 입었다. 빠르게 도착한 구급차와 신속한 응급조치 덕분에 간신히 목숨을 건졌다. 폭행을 저지르고도 아무렇지도 않게 현장을 벗어났던 트럭 운전사는 이내 체포되었다. 가해자와 피해자는 서로 모르는 사이였다. 트럭 기사는 이면도로에서 대로로 진입하려 우회전 깜빡이를 켜고 기다리던 승용차 운전자를 기다려 주며 먼저 가라고 양보해 주었다. 그런데 운전자는 감사의 표시를 전혀 하지 않았다. 손도 들어 보이지 않았다. 트럭 기사는 몇 차례 빵빵대고 미친 거 아니냐며 손가락질을 했다. 승용차 운전자는 아무 반응을 보이지 않았다. 트럭 기사는 이렇게 말했다. "이 감사할 줄 모르는 돼지 새끼, 버르장머리를 고쳐 주겠어!" 정신과 전문의는 이처럼 사소한 일에 격하게 반응한 것은 감정 불안과 분노조절장애 때문이라는 결론을 내렸다. 이전에도 몇 차례 폭행 전과가 있는 남자는 그날 몇 시간째 운행했으며, 교통 정체로 짜증이 폭발 직전이어서 자기 통제력을 잃었다고 했다.

긍정적 공감을 얻지 못하거나, 경솔함이나 음해, 모욕, 경멸로 공감을 잃게 되면 당사자는 공황 상태에 빠진다. 게다가 긍정적 관심을 바라는 욕구가 오랫동안 충족되지 않는다면 무력감에 사로잡혀 체념에 이르게 된다. 이런 상태가 오래 지속되면 소외, 공감 능력의 마비, 상실감은 피할 수 없다. 더는 이루어지지 않는 공감, 이를테면 소통의 부재는, 철학자 마르틴 부버Martin Buber(1878~1965)가 적확하게 표현했듯, "고립"을 부른다.* 이런 심리가 점차 견디기 힘들어지면서 감정에 굶주린 사람은 공격성을 드러내기 시작한다. 공감을 기대했지만 베풀지 않고, 기다려도 화답하지 않는 상대에게 당사자는 적대감을 키운다. 감정 욕구가 채워지지 않으면서 무력감에 사로잡힌 당사자는 이런 상황에 책임이 있다고 여기는 상대에게 복수를 계획한다. 증오라는 혼란스럽고 복잡한 감정이 탄생하는 순간이다.

어떤 침묵은 독약보다 위험하다

침묵은 다양한 모습을 띠고 있다. 명상과 창의성과 경건함, 재치, 배려, 당혹감 등…. 침묵은 매우 깊은 증오의 표현으로 받아들여지기도 한다. "침묵이 천 마디의 나쁜 말보다 더 파괴적이다"라는 속담은 괜한 이야기가 아니다. 어떤 침묵은 독보다 치명적이다.

   증오 주체는 상대를 처벌하려고, 그를 경멸하려고, 자신의 권력을 과시하려고 침묵이라는 무기를 사용한다. 골방에 틀어박혀 상대에게 가책을 느끼게 하려는 경우도 드물지 않다. 이런 침묵은 증오 가득한 메시지를 발신한다.

"너는 언급할 가치가 없어. 너와 전혀 상관하고 싶지 않아. 너와는 한마디도 하지 않을 거야. 너는 나에게 없는 존재야."

- 부버가 쓴 독일어는 'Vergegnung'으로, 이는 만남을 뜻하는 'Begegnung'을 변형시킨 단어이다. 독일어에서 'ver~'는 부정적 의미를 가진다. 따라서 만남을 그르치다, 만남을 왜곡하다 등의 함의를 담았으나, 이를 적절하게 표현할 말이 없어 '고립'으로 옮겼다.

증오에 차 입을 꾹 닫고 침묵하는 사람은 상대방이 이 무거운 기운을 견디지 못해 어떤 수단을 동원해서든 침묵을 깨려 조바심이 나길 바란다. "제발 그러지 마, 이야기 좀 해 보자, 내가 잘못했어" 하는 식의 간청과 매달림과 사과 따위로 굴복하게 하려는 것이 그 목적이다. 증오 주체는 침묵으로 상대에게 불안을 심어 처벌하려 한다. 상대는 굴욕감과 함께 자존감의 저하를 경험한다. 인정과 존중을 받지 못한다는 느낌으로 상대는 혼란에 빠지고 이 혼란 속에서 상대는 방어 욕구를 일깨운다. 자존감을 회복하기 위해 앙갚음하겠다는 전의를 다지는 것이다. 침묵하는 쪽에서 답이 없을수록, 연락이 되지 않고 만나기 힘들수록, 상대의 무력감은 커진다. 이런 무력감은 분노로 바뀌고 마침내 증오로 변한다. 이제는 상대도 증오의 주체로 변신한다.

동시에 침묵하던 당사자는 자신이 받았다고 여기는 상처, 오해, 깔끔하지 않은 일 처리 등으로 증오를 계속 키워 간다. 풀리지 않은 문제가 상상 속에서 계속 덩치를 키워 가는 것이다. 언제 폭발해도 이상하지 않다. 간단히 말하자면 파괴적인 감정은 침묵에 가로막혀 증오의 위력을 키운다. 적절한 대화가 이루어지지 않는 탓에 문제를 정확히 파악하려는 인지는 뒷전으로 내몰리고 증오의 내용은 왜곡된 채로 커져만 간다. 침묵은 해명의 기회를 앗아버리고 소통의 빗장을 걸어 잠근다.

곡해

79세의 노인은 아내와 함께 요양원에서 생활했다. 그러던 어느

날 그는 휠체어에 앉아 꾸벅꾸벅 졸던 아내를 갑자기 주먹으로 때려 중상을 입혔다. 다툼이 있었던 것은 아니다. 심지어 대화 한 마디 나누지 않았는데, 남자는 갑자기 아내에게 달려들어 주먹으로 때리며 소리를 질렀다. "이제는 대답해!" 남자의 주먹질은 갈수록 심해졌다. 요양원 직원들이 달려들어 간신히 남자를 떼어 놓았을 때, 노인은 의식을 잃은 피해자 얼굴에 분노의 침을 뱉었다.

노부부를 진단한 의사는 비극의 사연을 밝혀냈다. 치매를 앓는 아내는 치매 환자가 대개 그러하듯 일체의 의욕을 잃었으며, 갈수록 말수가 줄었다. 그녀는 뇌 수축이 일어나는 통에 병적인 침묵 상태인 함묵 증세를 보였다. 남편은 이 함묵을 아내가 품은 반감, 자신을 향한 혐오로 받아들였다. 아무래도 젊은 시절 부부는 이런 식으로 다투었던 경험이 많은 모양이었다. 남편이 돌발적으로 주먹을 휘두른 결정적인 원인은 그도 역시 초기 치매를 앓고 있었기 때문이다. 치매로 뇌가 수축하면서 충동을 통제하기 어려워 돌발행동을 하게 된 것이다. 이처럼 절제력을 잃으면 치솟는 증오를 다스리기란 더욱 힘들다.

증오 범죄의 경우, 대개 그 결정적 원인은 침묵이다. 개인의 증오 범죄와 집단의 범죄 양상은 사뭇 다른데, 개인은 주변과의 관계를 단절한 채 침묵 속에서, 새가 알을 품듯 범죄를 계획하고 실행에 옮긴다. 누구와도 대화를 나누는 일이 없으며, 소통과 담을 쌓기에 범행과 그 동기의 상세한 분석은 애초에 불가능하다. 누구도 그의 말과 행동을 바로잡을 수 없으며, 아무도 그의 문제에 대해 실상은 그렇지 않다고, 다르게도 볼 수 있지 않느냐고 설득하지 못한다. 갈수록 비현실적이 되어 가는 사람의 파괴력을 중화시킬 방법이 없는 것이다. 다른 모든 감정을 압도하는 증오가 불러일으키는 섬뜩한 느낌, 입을 꾹 닫고 침묵하는 개인의 발산하는 스산한 느낌에 주변 사람들은 대면을 꺼리게 마련이다.

수다도 금일 수 있다

속에 갇힌 말은 안팎을 난자하는 칼날이 된다. 단절된 소통은 공격성에 에너지를 불어넣는다. 침묵은 증오를 키우는 이상적인 토양이다. 그 어떤 긍정적 공감도 차단하기 때문이다. 침묵의 벽 앞에 선 상대는 근원적 두려움, 사랑받지 못하고, 사랑을 잃는 두려움에 시달린다. 도대체 무얼 어떻게 해야 좋을지 모르겠는 막막함과 무력함은 점차 증오로 변해 간다.

실망이 증오와 자기혐오를 낳는다

살아가면서 실망Enttäuschung은 기만Täuschung을 피할 수 없다. 실망하는 사람은 먼저 누군가에게 기만당하기 때문이다. 실망은 기만에서 빠져나와 세상을 그만큼 더 배웠다는 점에서 긍정적인 의미가 내재해 있다. 실망이라는 단어에는 각성의 분위기마저 느껴진다. 각성은 부정적 울림이 배어 있는 경험이자 깨달음이다. 오늘날 실망은 무너진 희망이나 미처 예상하지 못했던 상실의 아픔을 나타내는 표현이기도 하다.

실망은 그때껏 품었던 인간관, 세계관, 자아상을 사정없이 흔들어 놓는다. 이상이라고 굳게 믿었던 가치는 속절없이 무너지고 만다. 결국 나 자신이 이것밖에 되지 않는 사람이었나 하는 회의가 밀려온다. 다른 누구도 아닌 자신이 기만의 원인 제공자라는 발견은 죄책감과 더불어 실패하는 인생을 살 수밖에 없겠구나 하는 두려움을 촉발하고, 이런 부정적 감정은 다시금 증오의 싹을 틔운다.

하지만 실망은 잘못된 기대를 품었다는 자각뿐만 아니라, 통제력의 상실을 뜻하기도 한다. 그래서 실망은 짜증, 근심, 분노, 증오와 같은 부정적 감정을 일으키기 마련이다. 실망은 대개 다른 사람이 아니라 자신의 헛된 기대에 연유한다. 희망과 기대의 책임은 자신에게 있다는 점에서, 이런 바람이 허망하고 잘못된 것이었다고 밝혀지고 나면, 실망한 본인은 심한 부담에 시달린다. 실망이 위험한 이유는 자학에까지 이르는 자기 증오를 야기할 수 있기 때문이다.

그러나 살아가며 실망은 피할 수 없다. 그리고 인간은 희망과 기대를 품어야만 살아갈 수 있는 존재이다. 오직 희망을 품지 않는 사람만이 실망에서 자유로울 수 있을 뿐이다. 영국의 시인 알렉산더 포프Alexander Pope(1688~1744)도 냉소를 담아 노래하지 않았는가.

"아무것도 기대할 것 없는 사람은 축복을 누릴지라, 그는 절대 실망하지 않을 테니."

 그러니 실망을 인생의 필연, 즉 도전과 시험으로 받아들여야 한다. 무엇에 실망했는지 허심탄회하게 말하고, 이 실망에 어떤 의미가 있는지 알아내려 시도한다면, 우리는 실망으로부터 배우고, 그것을 극복할 수 있을 것이다.

모욕 — 가장 강력한 증오 기폭제

증오를 불러일으키는 원인으로 모욕만큼 자주 거론되는 것도 없다. 연구자들과 치료 전문가들은 하나같이 모욕이야말로 낮은 자존감의 주요 원인이라고 입을 모은다.

 사람 사이의 상호작용, 곧 모욕하는 사람과 받는 사람 사이의 메시지로 이루어지는 모욕은 여러 가지 마음의 병을 일으킨다. 특히 모욕은 자기의식, 스스로 자신을 보는 가치를 무너뜨린다. 이런 파괴적인 힘은 내면에 깊은 상처를 남기는데, 모욕의 희생자는 실망과 무력감, 분노에 사로잡힌다. 모욕은 긍정적 공감의 결여, 사랑의 상실, 자아의 손상을 의미한다. 모욕당한 사람은 자신이 구사할 수 있는 모든 수단을 동원해 복수하려 다짐하는데, 극단의 경우 복수는 상대의 파괴를 노린다. 이것이 증오다.

 모욕당한 사람은 처음에는 너무 혼란스러운 나머지 내가 왜 죄책감까지 느껴야 하는지 저항한다. 증오는 모욕에 저항하려는 일종의 방어기제이다. 자신을 모욕하는 강력한 힘을 가진 상대방으로부터 자신을 보호하려 싸우려는 의지인 셈이다. 그런데 증오는 모욕과 상처처럼 세분화하고 예민한 감정 따위는 쉽게 압도하는 원초적 감정이다. 증오가 본격적으로 불타오르면, 트라우마는 별거 아닌 것 같으며, 모욕도 그다지 아프게 느껴지지 않는다.

　모욕의 파괴적 잠재력은 실로 대단하다. 모욕은 관계를 파괴해서, 친구를 적으로, 사랑을 증오로 바꿔 놓는다. 모욕은 묻지 마 살인범과 테러리스트의 증오를 부채질하며, 심지어 전쟁을 부르기도 한다. 그중에서도 가장 강력하고 치명적인 모욕은 굴욕이다. 굴욕은 상대를 무릎 꿇게 만드는 모욕인데, 마지막 남은 용기마저 빼앗아, 증오로 곧장 연결되는 무력감을 선사한다.

　다른 형태의 모욕들 역시 작용 방식은 비슷하다. 명예훼손은 당사자에게 내상을 입힐 뿐만 아니라, 외적인 품위마저 무너뜨리는 행위이다. 명예가 손상되었다고 느끼는 감정은 갈등의 도화선으로, 심지어 어떤 문화에서는 '명예살인'으로 이어지기도 한다. 어떤 사람을 의도적이고 계획적으로 따돌려 굴욕감을 안기는 '모빙Mobbing' 역시 조직적으로 이뤄지는 모욕이다. '일자리 폭력workplace violence', 곧 직장에서 흔히 볼 수 있는 '왕따' 역시 모욕이다. 의견이 다르다거나 출신과 학벌의 차이 따위를 들먹여 가며 집단적으로 따돌리고 부당하게 대우하며 끊임없이 압력을 행사하는 '왕따'의 끝은 증오이다.

순식간에 파괴된 목숨

2004년 7월 5일 월요일 아침 8시가 조금 지났을 무렵 취리히 칸토날 은행에서 56세의 투자 자문역은 승강기를 타고 4층 회의실로 올라가 아무 말 없이 호주머니에서 권총을 꺼내 그곳에서 대화를 나누던 지점장과 부지점장의 머리를 쏘았다. 그리고 자신의 사무실로 한 층 더 올라가 자리에 앉아 권총으로 스스로 목숨을 끊었다. 세 남자는 그 자리에서 즉사했다. 모두 자녀 두 명을 둔 가장이었다. 범인은 이 은행에서 3년째 근무하고 있었다. 은행의 인사 부서는 그에게서 평소 특이점을 찾아볼 수 없었으며, 부정적인 면은 전혀 발견하지 못했다고 했다. 경찰 대변인은 "범행 동기는 직장 내 갈등으로 추정됩니다"라고 간단하게 말했을 뿐이다.

증오는 적극적인 모욕에 대한 반응이기도 하지만, 은근히 남을 괴롭히며 자신의 권력과 위상을 과시하는 경우에도 촉발된다. 이런 괴롭힘은 특수한 형태의 나르시시즘이다. 지나친 자기애에 빠진 나머지 어떤 관계에서든 자신을 과시하고자 하는 이런 괴롭힘은 기이한 권력 도구로 작용한다. 가장이나 상관 같은 주요 인물이 은근히 적의를 보이며 놀리거나 괴롭히면, 가족이나 직원은 자신이 뭘 잘못했지 싶어 당황하고 무력해진다. 이들은 자신의 잘못이 무엇인지 묻고 또 묻지만, 답을 얻지 못한다. 은근한 괴롭힘에 당사자는 괴롭고 혼란스럽기만 하다. 도대체 영문을 알 수 없기 때문이다. 어떻게든 곤란한 상황을 모면하려 하지만 늘 부정적 반응이 돌아올 뿐이다. 당사자는 슬슬 부아가 치밀며 화를 키우다가 끝내 증오를 폭발시킨다.

괴롭힘을 즐기는 사람은 증오를 살 위험에만 처하는 게 아니다. 괴롭힘으로 자신의 권력을 과시하는 것이 더는 효과를 발휘하지 않을 때, 피해자는 가장 강력한 수단을 동원해 반격한다. 이 수단이 무엇이든 결정적인 동기는 증오다. 러시아의 작가 표도르 도스토옙스키Fyodor M. Dostoevsky(1821~1881)는 괴롭힘과 증오 사이의 연관성을 그의 마지막 작품 『카라마조프 가의 형제들The Brothers Karamazov』에 잘 담아냈다. 세 형제의 정신적 스승인 수도사 조시마는 알코올 중독에 난폭한 성격의 아버지 카라마조프에게 이렇게 말한다.

"누군가를 괴롭힌다는 것은 대단히 기분 좋은 일이지 않은가? 하지만 인간은 사실 자기 자신 외에는 누구도 자신을 괴롭힐 수 없다는 점을 잘 알지. 괴롭힘이란 스스로 그렇게 생각해야만 괴롭힘이니까. … 이런 사실을 잘 알면서도 인간은 누군가에게 모욕을 주며, 내심 쾌감을 느끼며 대단히 흡족해하지만, 이로써 그는 진짜 증오를 살 뿐이야."

chapter 04

영혼의 치부
─ 니체와 『모비 딕』, 그리고 가장 은밀하고 지독한

Die dunkle Leidenschaft
Wie Hass entsteht und was er mit uns macht

"가장 내밀한 욕구가 최악의 증오를 낳는다."

소크라테스

괴롭힘과 불이익 외에도 증오에는 여러 개의 굵직한 뿌리가 있다. 니체가 "인간 영혼의 치부"라고 부른 시기와 질투, 그리고 탐욕과 복수심이 그것이다. 이 모든 뿌리는 저마다 독립적으로 작용하는 복잡한 감정이다. 하지만 한 가지 공통점만큼은 분명하다. 모두 우리를 증오의 늪으로 인도한다.

파괴적 시기심으로서의 증오

"시기는 증오에 날개를 달아 준다."

독일의 아포리즘 작가 프레트 아몬Fred Ammon의 유명한 문장이다. 소크라테스의 제자이기도 한 고대 그리스의 작가 크세노폰

Xenophon(기원전 430~354) 역시 시기에서 증오의 뿌리를 보았다.

"탐욕은 원망을, 시기는 증오를 낳는다."

『성경』은 시기를 카인과 아벨의 이야기에서부터 시작해 여러 대목에서 심판한다. 6세기부터 기독교는 시기를 7대 죄악 가운데 하나로 꼽았다. 이슬람은 시기를 불행과 죽음을 부르는 악한 습성으로 간주한다. 힌두교는 시기를 카스트 세계를 부정하는 용납할 수 없는 업보로 여긴다. 로마의 철학자 세네카Lucius Annaeus Seneca(1~65)는 이렇게 경고한다.

"다른 사람의 행복에 속을 끓이는 자는 결코 행복해질 수 없다."

그리고 독일의 유대인 철학자 헤르만 코헨은 증오를 "굳어진 시기심"으로 해석한다. 그에 따르면, 시기심은 나름대로 근거가 있어 다스리기가 쉬운 반면, 증오는 "윤리 성찰로 다스리기 어려운 격렬한 폭력성"이다. 증오가 어떤 논증으로도 반박될 수 없는 이유 역시 바로 이 때문이라고 코헨은 강조했다.

시기란 정확히 무엇일까? 심리학은 시기를 "인간적인 감정, 다른 사람을 돋보이게 만드는 소유, 성격, 자질을 부러워하는 감정"이라고 정의한다. 중요한 것은 건설적인 시샘과 못마땅해서 상대를 파괴하려 드는 시기의 구분이다. 건설적인 시샘은 자극을 받아 더 나아지려고 노력해 상대와 같은 수준, 최선의 경우에는 상대를 능가하는 경지에 오르도록 한다. 반대로 시기는 상대의 성취와 성공을 어떻게든 깎아내리려고 하면서 할 수만 있다면 짓밟으려는 파괴적 힘을 발휘하기도 한다.

비교로 시작되다

지그문트 프로이트가 시기심에는 신경병을 빚어낼 정도로 심각한 위협은 없다고 본 것과 달리, 다른 정신분석학자들은 유아기 발달에 시기심이 중요한 의미가 있다고 판단했다. 이를테면 오스트리아 출신으로 미국에서 활동한 정신분석학자 오토 컨버그Otto Kernberg는 어려서부터 시기해서는 안 된다고 다그침을 받고 자란 아이는 자아도취에 사로잡히는 나르시시즘 인격 장애에 시달릴 위험이 크다고 주장한다. 시기를 느낄 때마다 이 감정이 불편해 피하느라 자신을 이상적인 인간이라 여기면서 나르시시즘에 사로잡히게 되는 것이라고 컨버그는 설명한다. 시기는 대개 다른 사람과의 비교로 생겨나는 탓에 나르시시스트는 자신과 동급이거나 심지어 더 우월해 보이는 사람을 보면 그를 제거해야 한다는 파괴적 시기심, 결국 증오에 사로잡힌다는 논리이다.

파괴적이든 건설적이든 시기는 주변 사람과의 비교로 촉발된다. 진화의 관점에서 보자면 비교는 꽤 중요하다. 비교를 통해 우리는 자신의 정확한 위치를 짚어 보며 더 나아질 수 있는 방법을 고민한다. 이렇게 볼 때 시기는 생존에 도움이 된다. 영국의 철학자이자 법률가이며 정치가였던 프랜시스 베이컨Francis Bacon(1561~1626)은 「시기에 관하여」라는 에세이에서 이렇게 썼다.

"시기는 언제나 비교에서 비롯된다. 비교가 일어나지 않는 곳에는 시기도 없다. 왕은 왕만이 시기할 수 있으니 말이다."

런던 비즈니스 스쿨의 조직심리학 교수 토마스 무스바일러 Thomas Mussweiler는 시기를 "우리 자신을 평가하는 비교 게임"으로 정리하기도 한다.

유전자, 두뇌 그리고 사회

오늘날 과학 연구는 시기심이 인간의 유전자에 바탕을 둔 것임을 확인해 주고 있다. 두뇌 생리적 특성도 입증되었다. 일본 교토 대학교 의학대학원의 다카하시 히데히코高橋英彦 교수는 자기공명영상MRT을 이용해 시기심으로 대상 피질에서 활발한 활동이 일어나는 것을 밝혀 보여 주었다. 대상 피질이라는 부위는 주로 부정적 감정의 처리를 맡는 곳이다. 대학생으로 이뤄진 실험 참가자들은 가상의 동료 대학생을 다룬 텍스트를 읽고 느낀 감상을 기록했다. 가상의 대학생은 정말이지 화려한 실력의 소유자로 설정되었다. 이 가상의 대학생이 어려움을 겪게 되었다는 소식에 참가자들은 고소하다는 반응을 보였다. 이때 '선조체Striatum'에 공급되는 혈액이 급속도로 증가하는 현상이 확인되었다. 선조체는 대뇌 기저핵의 일부로 보상 자극에 중요한 역할을 하는 조직이다.

시기는 주변의 사람들, 곧 사회가 조장하고 키운다. 특히 개인주의 성향이 강한 사회가 그렇다. 개인주의 성향이 강하다는 것은 공동체보다 개인을 우선시한다는 뜻인데, 이런 환경은 강력한 나르시시즘을 키운다.

시기를 다룬 다른 연구는 젊은 사람들이 노인보다 훨씬 더 쉽게 시기심에 사로잡힌다고 보고하고 있다. 그리고 젊은 사람들은 자신보다 어리거나 나이가 많은 사람보다는 동년배를 더 크게 시기했다. 이런 현상은 '소셜미디어' 탓에 더욱 심화하고 있다. 이런 맥락에서라면 '소셜미디어'를 수동적으로 받아들이는 데에만 그치지 말고, 적극적으로 의사를 표시하는 채널로 사용하는 편이 더 바람직할 수도 있다.

본질적인 차이

증오에 대해 살피면서 우리가 주목해야 하는 것은 파괴적 시기이다. 건설적 시기는 파괴보다는 자극과 격려로 당사자를 성장시키는 기회를 제공한다. 반면 상대가 누리는 성공이 의심스러운 나머지 그를 높은 지위에서 끌어내려야 마땅하다는 감정이 지배할 때는 시커먼 시기심이 고개를 드는데, 곧 혐오의 감정으로 바뀐다. 상대를 도저히 따라잡을 수 없다거나 꺾을 수 없기에 식지 않는 혐오가 증오로 농축되는 것이다.

파괴적 시기심은 증오의 원천이자 형제자매 사이에, 세대 간에, 부부 간에, 친구들 사이에 적대감을 빚는 원인이기도 하다. 더 나아가 사회 계층 사이에서도 파괴적 시기심은 적대적 갈등을 부추긴다.

홀로코스트라는 잔혹한 참사까지 초래한 유대인 혐오는 성실하고 근면하고 사업 수완이 뛰어나며 지혜로운, 심지어 세계의 숨은 지배자라는 세평을 듣는 유대인을 겨눈 시기심에서 비롯됐다. 인간의 근본적 감정 가운데 하나인 시기심을 동기 부여라는 긍정적인 힘으로 바꾸어 내지 못한다면, 인간을 파괴적으로 물들일 수밖에 없다.

파괴적 시기는 언제나 공격당한 자존심에서 연유한다. 그런데 묘하게도 이런 점에 우리는 잘 주목하지 않는다. 자신의 강점을 살려 성공하기 위해서 자존감은 무시해서는 안 되는 중요한 심리적 자산이다. 좋은 자존감은 다른 사람들의 평가에 의존하지 않으며, 차분하게 자신을 돌아보고 돌볼 때 높아진다. 그래서 파괴적인 시기를 극복하기 위해 심리 치료는 다음 4단계로 접근할 것을 권고한다.

- 시기심을 억누르거나 물리치려 하지 말고, 있는 그대로 받아들여 분석하자.
- 혐오를 긍정적인 시기로 바꾸자.
- 비현실적인 비교를 삼가자.
- 자신의 강점과 가능성을 가려 볼 안목을 키우자.

독일 작가 에리히 케스트너Erich Kästner(1899~1974)는 이렇게 말했다. "돌파구를 찾지 못한 시기는 유일한 탈출구, 곧 범죄로 치닫는다." 파괴적인 시기심을 잘 다스리도록 하자.

질투로서의 증오

아랍의 격언은 질투의 본질, 그리고 질투와 증오 사이에 어떤 연관이 있는지 잘 표현해 준다.

"사랑의 눈매는 날카롭다. 증오의 눈매는 더 날카롭다. 가장 날카로운 눈매는 질투다. 질투는 사랑 더하기 증오이기 때문이다."

질투는 사랑을 잃을지도 모른다는 두려움, 불안감, 괴로움, 실망, 무력감과 더불어 복수 욕구, 분노, 증오 등이 뒤섞인 고통스러운 감정이다. 이 아픈 감정은 자신이 가깝게 지내고 싶은 사람에게 바랐던 주목, 인정, 사랑을 받기 어렵거나, 그의 관심과 애정이 다른 사람에게로 향할 때 고개를 쳐든다. 상실의 두려움과 열등감은 속을 칼로 후벼 파는 것처럼 아프다. 질투라는 이름의 이 복합적인 감정은 당사자를 스트레스에 시달리게 하며, 좀체 이겨 낼 수 없는 우울증에 빠뜨리기도 한다. 또한 심한 스트레스는 우리 몸을 지속적인 흥분 상태로 몰아넣어 신체 기능도 심각하게 훼손한다.

신경과학은 질투는 뇌의 두 부위, 곧 선조체와 측면 격막을 활성화하면서 싸울 때 분비되는 스트레스 호르몬인 코르티솔과 테스토스테론을 급증시킨다고 설명한다. 이 호르몬의 과잉은 전투적 대결로 해소되지 않으면, 만성적인 좌절과 체념을 초래한다. 증오의 불이 켜지는 것이다.

아동과 남성과 여성의 질투

질투심은 생애 첫해부터 시작된다. 엄마가 다른 누구에게 더 신경을 쓰면, 아이는 울며 보챈다. 이는 분명 생존의 두려움에 따른 본능적 반응이다. 여자는 남자를 잃게 되면 생존의 기반이 무너질까 두려운 나머지 질투한다. 원시 시대 여성은 생존을 이어 갈 경제적 바탕을 남성에게 의존했기 때문이다. 반면 남자는 후손을 남기지 못해 자신의 유전자가 대가 끊기는 게 아닐까 두려워서 질투한다. 혹시 다른 남자의 아이를 키우는 게 아닐까 하는 두려움도 질투를 거든다.

캘리포니아 대학교의 연구자 케네스 레비Kenneth Levy와 크리스틴 켈리Kristen Kelly의 최근 연구는 남성의 질투 역시 사회와 문화의 여러 요인에 영향을 크게 받는다는 점, 번식과 같은 진화적 요인은 그리 중시되지 않는다는 점을 확인했다. 남성이든 여성이든 질투의 정도는 일차적으로 감정적 결속이 얼마나 강하냐에 따라 달라진다는 연구다. 친밀함의 욕구가 큰 사람은 배우자와 감정적으로 멀어지는 것을 힘들어하지만, 관계보다 독립성을 더 중시하는 남녀는 성적인 일탈에 더 치열하게 질투한다.

질투 삼각관계

질투는 삼각관계 안에서 일어난다. 삼각관계는 두 대상 인물, 곧 "욕구 대상"과 "침입자" 그리고 질투하는 인물로 이루어진다. 욕구 대상과 침입자라는 단어는 스위스의 여성 심리학자 베레나 카스트Verena Kast가 만들어 낸 아주 적확한 표현이다. 시기하는 사람은 상대가 가진 지위와 재산을 열망하는 반면, 질투는 사랑하거나 소유한 것을 잃을 수 있다는 두려움이다. 말하자면 질투는 미움과 여전히 남은 사랑 사이의 질곡에 빠져 헤매는 마음이다. 질투는 불안함과 두려움, 특히 실연과 권력 상실의 두려움의 영향을 받는다. 자신에게 중요한 사람, 곧 사랑하는 사람이 베푸는 긍정적 공감을 경쟁 상대가 빼앗아서 잃어버릴 것 같아 전전긍긍한다.

치명적인 사랑과 전쟁

2022년 1월 말 오스트리아의 소도시 필라흐에서 당시 37세의 여성 운전자는 43세의 여성과 그 아들을 자동차로 들이받았다. 처음에는 흔히 보는 교통사고려니 했는데, 실상은 질투로 빚어진 살인이었다. 경찰의 수사 결과, 가해자의 전남편은 그녀를 버리고 희생자와 함께 살며 아들을 두었다. 죽은 소년이 그 아들이다.

가해자는 전남편과 헤어지고 난 뒤에 그와 새 배우자를 상대로 본격적인 전쟁을 치렀다. 말 그대로 "죽음으로 치닫는 사랑 전쟁"이었다. 광기의 폭주 이후 그녀는 스스로 목숨을 끊으려 했으나, 사고 장소에서 멀지 않은 숲속에서 중상을 입은 채 발견되었다. 며칠이 지나고 나서야 경찰의 심문을 받은 그녀는 질투로 복수하려 했음을 인정했다. 43세의 여성이 죽을 수 있다는 점은 충분히 의식했지만, 아이가 있는 줄은 미처 몰랐다고 그녀는 진술했다. 그의 변호사는 의뢰인이 "독극물 같은 관계 탓에 터널 속에 사로잡힌 처지였다"고 변호했다.

사랑하는 사람을 되찾으려는 시도가 쓰라림만 안겨 주고, 여전한 사랑이 아무 도움을 주지 않으며, 실망과 괴로움과 자기 모멸감을 이겨 낼 수 없다면, 오로지 모든 걸 짓밟으려는 무차별적 증오만 남을 뿐이다.

탐욕이 증오를 부채질할 때

불교가 증오와 무지와 더불어 삼독 가운데 하나로 꼽는 탐욕 역시 증오의 원천이다. 탐욕은 흔히 "향락과 소유로 원하는 것을 모조리 누리려는 제어하기 힘든 강력한 욕구"로 정의된다. 요컨대 탐욕은 이기적인 감정으로, 중독에 가까울 정도로 집착을 보이는 감정이다. 그러나 탐욕은 언제나 더 많이 가지려 하는 탓에 이미 가진 것도 즐기지 못하게 만든다. 늘 더 많이 차지하기 위해 골몰하기 때문이다. 그리고 이런 욕구가 충족될 수 없음을 느끼면서부터 악순환이 시작된다. 충족되지 않는 탐욕으로 인한 무력감에서 증오가 자라나는 것이다.

조직범죄의 뿌리는, 사람들이 쉽게 간과하는 사실인데, 탐욕과 연결되어 있다. 갈수록 더 많은 돈, 더 많은 권력을 차지하려는 집착은 폭력성을 부른다.

조폭 전쟁

멕시코에서 마약 중독자를 위한 치료시설, 그러나 공식적으로 허가받지는 않은 시설을 습격한 폭력 조직은 최소한 스물네 명을 사살했다. 일곱 명은 생명이 위독할 정도로 중상을 입었다. 조직범죄 소탕을 위해 경찰이 벌인 작전에서 어머니와 누이동생이 체포당한 조직 두목 엘 마로El Marro의 보복이었다. 인터넷에 유포된 사진은 바닥에 나란히 누운 스물네 명의 청년 시체를 보여 준다. 멕시코에서 대개 사설로 운영되는 마약 중독자를 위한 재활센터는 시설이 매우 열악하며, 중독자들을 학대하곤 한다. 범죄 조직은 바로 이 센터에서 조직원을 조달하는데 거부하는 사람은 바로 그 자리에서 총으로 사살한다. 또 마약 거래상이 경쟁 조직으로부터 위협을 받고 센터로 숨어드는 일도 자주 일어난다. 그래서 센터는 공격 목표가 되기 십상이다. 그리고 범죄 조직은 이런 학살로 사람들에게 센터에 대한 공포감을 심어 마약 거래 고객을 잃는 일도 방지한다. 만행의 진짜 동기는 결국 탐욕이다.

멕시코에서 조직범죄와 관련해 살해당한 사망자의 수는 지난 2019년 한 해에만 1만 5,108명에 달했다. 조직 사이의 충돌로 2,267명이 사망한 2007년과 비교해 이는 거의 일곱 배 가까이 폭증한 수치이다. 조직범죄는 일거에 많은 돈을 만질 수 있는 활동, 이를테면 인신매매, 납치, 매춘, 아동 유괴, 불법 무기 밀매, 마약 범죄, 위조지폐, 차량 절도, 공갈, 도박 따위의 돈만 된다 싶으면 무슨 짓이든 서슴지 않는다. 최근 소식에 따르면 매일 평균 100건의 살인이 벌어지며, 범죄 조직은 희생자의 시신을 처리하려 아예

시설을 만들어 놓고 화장한다고 한다. 2022년 2월 사카테카스주에서는 세 곳의 마약 카르텔이 주도권 전쟁을 벌이면서 양탄자로 둘둘 말린 열 구의 시체가 거리에서 발견되었다. 얼마나 지독한 증오로 살인이 저질러졌는지는 공개된 장소에 아예 전시하듯 늘어놓은 시신이 똑똑히 보여 준다.

다양한 학문이 앞을 다투어 연구한 결과가 확인해 주듯, 탐욕은 실제로 눈을 멀게 한다. 탐욕에 사로잡힌 인간은 위험을 인지하지 못하며, 판단력을 잃고 경고 신호를 무시하고 폭주하며, 실수로부터 배우려 하지 않는다. 뷔르츠부르크 대학교에서 파트릭 무셀Patrick Mussel이 이끄는 연구팀은 경제학을 공부하는 학생들을 상대로 탐욕이 어느 정도나 되는지 테스트하는 설문조사를 실시했다. 위험을 감당할 각오가 충분한지, 실수로부터 배우려는 자세가 되어 있는지 검증하는 테스트다. 실험 참가자는 가상의 풍선을 되도록 크게 불어야 승리한다고 설명을 받았다. 풍선이 빵빵하면 할수록 상금을 차지할 기회가 커진다. 물론 풍선이 터진다면 참가자는 모든 것을 잃는다. 터질 걸 알면서도 막무가내로 밀어붙이는 결정적 이유는 탐욕이다. 실험하는 동안 뇌전도electroencephalogram, EEG로 참가자들의 뇌파가 측정되었다. 이 측정 결과 탐욕이 심한 사람에게서는 '이건 아니구나' 하고 부정하는 태도가 나타나지 않았다. 이는 곧 탐욕에 물든 인간은 자신이 취한 부적절한 행동 탓에 빚어진 결과로부터 배우지 못하며, 상황에 알맞게 적응할 능력을 상실한다. 이런 무능함은 이미 '사이코패스'도 보여 주는 것으로 확인된 바 있다. 탐욕은 위험한 행동을 조장하고 키운다. 탐욕은 부정적 자극이나 경고를 차단하기 때문이다. 연구는 탐욕이 먼저 활성화하면서 부정적 자극이나 경고를 감지하지 못하게 하는 효과가 대단히 크다고 밝혔다.

연구팀은 투기로 발생하는 '버블', 곧 거품 경제가 이런 효과 탓에 심각한 폐해를 끼친다고 진단한다. 투자자는 탐욕에 눈이 어두운 나머지 주식 시세가 올라가는 국면에서는 주식을 움켜쥐고 놓지 않으며, 반전이 일어나 하락 국면에 접어든다는 신호는 무시한다. 이런 오판으로 빚어진 참담한 결과에 당사자는 흔히 증오로 반응한다. 이 증오는 갈수록 "잘못한 사람", 곧 자기 자신을 겨눈다. 탐욕과 매우 밀접한 중독의 경우와 마찬가지로 이 증오는 결국 자기혐오로 이어진다.

복수심과 증오가 만날 때

복수는 증오보다 훨씬 더 다양한 모습을 보이는 감정으로 파괴적 성격만 띠지는 않는다. 우리는 흔히 복수를 달콤하고 씁쓸하다고 묘사한다. 만족감과 더불어 죄책감을 불러일으키기 때문이다. 복수는 옹졸해 보이면서도 영웅적이며, 악마인가 싶다가도 신을 대리하는 것처럼 보이기도 한다. 복수는 정의감을 회복해 주며, 무너진 자존감을 다시 세워 준다.

복수와 증오는 마치 두 개의 독배가 건배라도 하듯 서로 영향력을 주고받는다. 복수와 증오의 관계는 이성과 감정의 관계와 비슷하다. 증오와 반대로 복수의 목적은 파괴 그 자체에 있지만은 않다. 오히려 누군가에게 "보복"하고자 할 때 정의를 바로잡겠다는 생각에까지 미친다.

복수는 인간의 근본 감정 가운데 하나이자 동물적 조건반사이기도 하다. 복수심의 동기는 증오의 경우와 마찬가지로 깨어진 사랑, 괴로움, 무너진 신뢰, 질투, 나르시시즘이다. 그리고 무엇보다도 상처받은 정의감을 연료로 삼는다.

미국 작가 허먼 멜빌Herman Melville(1819~1891)의『모비 딕Moby-Dick』은 복수와 맞물린 증오의 심리를 인상 깊게 묘사하고 있다. 선원 이스마엘의 1인칭 시점으로 전개되는 소설은 선장 에이허브가 흰고래 모비 딕에게 한쪽 다리를 잃고 증오를 불태우며 복수에 매달리는 이야기다.

복수심과 증오심이 어우러져 빚어내는 드라마는 그 어떤 학술 논문보다도 더 명확하게 이 두 감정 사이의 관계를 정확하게 묘사한다. 고래잡이는 유럽의 점령 세력이 아메리카의 원주민과 자연을 착취하는 행태를 꼬집는 비유로 읽힌다. 여러 인종으로 이뤄진 선원들은 미국이라는 사회의 축소판이다. 인간과 비슷한 성격적 특징을 가진, 불멸의 생명력을 가진 것처럼 보이는 고래와 에이허브 사이에서 빚어지는 갈등은 복수의 일념과 증오가 어떻게 자기 자신을 파괴하는지 묘사한다.

모비 딕, 흰고래 사냥

시민 가정 출신으로 경험이 풍부한 선원 이스마엘은 점쟁이의 불길한 예언을 듣고도 친구와 함께 선장 에이허브의 포경선 피쿼드호에 오른다. '피쿼드Pequod'라는 이름은 멸종당한 인디언 부족에게서 따온 것인데, 고래 뼈로 만든 의족을 한 선장은 세계 각국 다양한 계층의 선원들에게 바다로 나아간 지 며칠 뒤에 비로소 자신의 진짜 의도를 밝힌다. 몇 년 전 흰고래에게 다리 한쪽을 잃은 선장은 반드시 이 고래를 잡아 죽이겠다고 눈을 희번덕거렸다. "고래를 가장 먼저 발견한 선원은 황금 덩어리를 얻을 것이다."

에이허브 선장과 쌍벽을 이루는 인물은 일등항해사 스타벅(이 이름은 전 세계적인 커피하우스 체인 '스타벅스'에 영감을 주었다)이다. 이성적이며 노련한 항해사 스타벅은 선장의 증오가 광기에 가까움을 목격하고 선원들을 보호하려고 선장을 죽이고자 한다. 하지만 선원들은 선장의 증오에 전염된 나머지 고래를 죽이겠다고 의기투합한다.

오로지 고래를 잡겠다는 일념에 사로잡힌 에이허브는 희망봉을 돌아 고향으로 돌아가는 뱃길을 택하지 않고 인도양으로 향했다. 일본 근처에 와서야 비로소 모비 딕을 발견한 에이허브는 사흘 동안 미친 듯이 고래를 추적한다. 마침내 작살로 고래를 맞추었지만, 에이허브는 작살 줄을 끌고 바다 깊숙이 가라앉는 고래를 놓지 못하고 작은 보트와 함께 영원의 심해로 끌려들어 간다. 사투를 벌이는 동안 배에서 떨어진 이스마엘만이 침몰하는 배에서 살아남는다.

증오로 미치광이가 되어 버린 선장은 오로지 파괴만을 노리는 증오의 집요함이 어떤 것인지 생생하게 보여 준다.

"내 영혼이 질주할 수 있도록 강철의 선로가 깔려 있구나. 바닥 모를 계곡을 넘어, 산의 굳건한 심장을 꿰뚫고, 하천 바닥까지 훑으며, 나는 확실하게 목표를 향해 달리는구나."

마침내 에이허브는 자신을 파괴하는 격정적 증오의 힘을 이렇게 묘사한다.

"마지막까지 나는 너와 씨름하며, 지옥의 심장에서 뿜어 나오는 힘으로 너를 찌르리니, 마지막 증오의 숨결을 너에게 토할 것이다."

chapter 05

역습
―나를 지켜 주던 보호견이 내 영혼을 물어뜯었다!

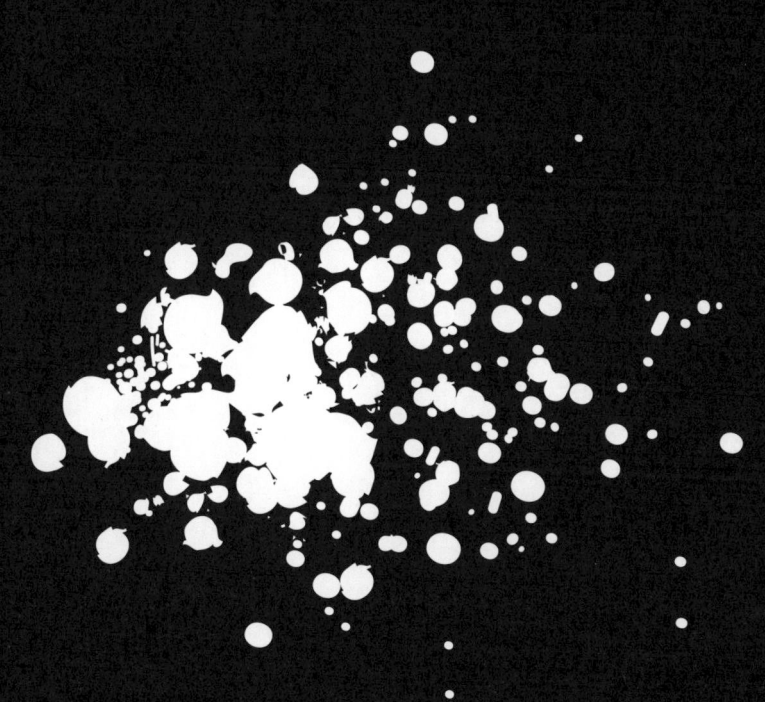

Die dunkle Leidenschaft
Wie Hass entsteht und was er mit uns macht

"네가 천 번도 넘게 증오를 내다 버릴지라도,
그때마다 악착같이 증오는 너에게 돌아오리라."

모리츠 고틀리프 자피르Moritz Gottlieb Saphir, 오스트리아의 풍자 작가

화, 분노, 광분, 화와는 달리 증오는 서서히 몸집을 키운다. 증오가 자라나는 과정은 물이 흘러들어 모이는 것에 비유할 수 있다. 숱한 원천과 지류를 통해 흘러든 물은 천천히 덩치를 키우다 가공할 위력으로 둑을 터뜨린다.

증오는 은밀하게 싹을 틔워 인지하기 쉽지 않다. 초기 단계에서는 무시되기까지 한다. 그러나 증오는 여러 가지 외부의 영향으로 쑥쑥 자라난다. 물론 외부 영향 가운데에는 증오를 억누르는 요소도 존재한다. 어쨌거나 증오는 시간이 지날수록 더욱 심각하게 개인의 생각과 감각을 마비시키며, 일상과 기분을 좌지우지한다. 증오에 물든 태도와 행동은 추악해지고 감정을 다스릴 통제력은 상실되며 인지 능력은 초라해진다. 그 무엇에라도 중독된 환자처럼 통제의 힘을 발휘하는 쪽은 당사자가 아니라 격정이다.

증오의 에너지는 분노라는 탈을 쓰고 분출한다. 처음에는 혐오

발언, 냉소, 빈정댐 등으로 나타나다 결국 당사자 자신을 겨눠 건강에 이상을 일으킨다. 의학은 이를 심신 상관적 통증과 기능장애라고 부른다. 무기력, 우울, 최악의 경우는 극단적 선택으로 끝을 맺기도 한다.

두려움과 무력감

주체할 수 없는 두려움, 억눌리고 한사코 인정하기 싫은 두려움으로 증오는 시작된다. 두려움은 신체나 정신이 위협을 받을 때 나타나는 감정으로 일종의 보호 기능을 하기도 한다. 위험한 상황을 감지했을 때, 수동적으로든 적극적으로든 그 위험을 피할 수 있게 해 주기 때문이다. 그러나 두려움은 병적일 정도로 심해질 수도 있다. 예를 들어 공황장애, 강박, 공포증은 두려움이 마구 엉키면서 나타난다. 마치 나를 지켜 주던 보호견이 영혼을 물어뜯는 늑대로 변신하는 것과 같다.

과잉과 방어

두려움의 늪에 빠진 사람은 도망갈 궁리부터 한다. 그리고 탈출구를 찾을 수 없을 땐, 심신이 완전히 굳어, 이른바 '죽은 척 반응Apparent death'을 선택한다. 이로써 공격 본능은 억제되어 공격에 쓸 힘이 내면에 위축되어 쌓이고, 이런 정체가 해소되지 않으면 무기력이 자라난다. 자신의 무력함에 끓어오르는 화는 곧 증오로 변한다.

억눌린 두려움, 무의식 속의 두려움 역시 증오를 만들어 낸다. 숨겨진 탓에 보호 기능도 작동하지 않는다. 당사자는 전전긍긍하면서 자신을 사로잡은 무력함에 화가 나기 시작한다. 당사자는 무력함이라는 족쇄를 끊어 버리고 이 어처구니없는 속박에서 벗어나려 몸부림친다. 당사자는 자기 손으로 모든 걸 통제할 방법을 찾고, 곧 그 손에는 자신을 방어하기 위한 파괴적인 증오라는 선택지만 남게 된다.

증오는 두려움이 지나치게 커질 때 이를 방어하고자 자아를 강화해 보상을 얻는다. 다른 사람의 잘못으로 빚어진 사고나 범죄, 전쟁과 같은 트라우마로 무력감에 사로잡힌 사람이 지속적인 증오에 사로잡히는 것도 이 때문이다.

마지막 수단

무력함에 사로잡혔을 때, 더는 견딜 수 없을 때, 절망의 상황을 이겨 내고자 예전에는 상상도 하지 못한 힘이 터져 나온다. 이런 힘이야말로 증오의 힘이라고 할 수 있다. 고였다가 터지는 힘은 분노와는 반대로 그 어떤 제동이 걸리지 않는다.

증오에도 최소한 하나의 긍정적인 측면이 있다. 독일의 시인이자 혁명가 게오르크 헤르베그Georg Herwegh(1817~1875)는 1841년, 곧 3월 혁명이 무르익어 가던 시기에 절망에 맞설 최후이자 유일한 수단인 증오를 뜨겁게 노래했다.

증오의 노래

일어나자, 일어나, 산을 넘고 강을 건너

동녘으로 장밋빛 새벽을 향해,

정숙한 올곧은 여인에게 마지막 입맞춤을,

그런 다음 올곧은 칼을 움켜잡자.

우리의 손이 재가 되어 흩날릴 때까지,

칼을 손에서 놓지 말자.

그만하면 충분히 오래 사랑했으니,

이제는 증오할 때다!

사랑은 우리를 돕지 않으며,

사랑은 구원하지 않으니.

오, 증오여, 네가 최후의 심판을 맡아 다오.

오, 증오여, 쇠사슬을 끊어 내자!

그리고 여전히 폭군이 설치는 곳으로 가서

과감하게 그를 붙들자.

그만하면 충분히 오래 사랑했으니,

이제는 증오할 때다!

너희에게 심장이 남았다면, 무릇

증오로만 행동할지라.

사방에 마른 장작은 널렸으니,

우리의 불꽃을 불사르자.

너희에게 자유의 불꽃이 남도록.

독일 거리를 걸으며 노래하자.

"그만하면 충분히 오래 사랑했으니,

오, 마침내 증오를 배우자!"

중단 없이 싸우자,

지상의 폭군을 상대로,

그럼 우리의 증오가

사랑보다 더 거룩해지리니

우리의 손이 재가 되어 흩날릴 때까지,

그만하면 충분히 오래 사랑했으니,

이제는 증오할 때다!

나쁜 정치인들의 수법

증오가 성장하는 과정에는 다양한 요소가 두루 등장한다. 원천에서 발원해 저수지에 이르기까지 물은 얼마든지 평화롭게 흐를 수 있다. 간혹 막히는 곳에 이를 때마다 유속은 줄어들지만, 동시에 공격적 잠재력은 응집된다. 하천의 폭이 좁아지거나(편협한 생각) 갑자기 낙차가 커지는 곳(통제 요소가 사라짐)에서는 흐름이 빨라진다. 여러 방향에서 흘러드는 지류(각종 선동과 선전과 '집단' 암시 따위)로 물은 양도 많아지고 속도도 빨라진다. 그 밖에도 이러저러해서는 안 된다고 가르치려 드는 모든 종류의 교화, 같은 생각을 하는 사람들의 집단 암시, 주변과 격리되는 고립은 증오를 증폭시킨다.

자아를 말살하는 세뇌

세뇌는 반론도 토론도 허용하지 않는 주입이다. 인간을 교정하고 조작하려 들기에 언제나 위험한 세뇌는 다른 사람이 스스로 자아를 포기해야 끝을 맺는다. 세뇌에 노출된 사람은 갈수록 스스로 결정을 내릴 능력을 잃고, 생각과 행동을 조작당하기 쉬운 먹잇감이 되어 버린다.

선동 역시 일종의 세뇌이다. 물론 선동은 집요하게 파고드는 조작과는 좀 거리가 있다. 선동은 개인에게 스스로 생각할 여지와 비판적 접근의 틈을 허락한다. 흔히 볼 수 있는 세뇌의 방법은 다음과 같다.

- 어떤 것을 "절대적 진리"라며 끊임없이 설교한다.
- 혼란한 두려움을 심어 주며, 양심의 가책을 느끼도록 유도한다.
- 이성에 호소하며 더 나은 대안을 제시한다.
- 나를 따르면 은총과 구원을 얻을 수 있으며, 그렇지 않으면 절망에서 벗어나지 못한다고 암시한다.

암시는 상대에게 키워드가 확실하게 주입될 때까지 끊임없이 되풀이하면서 성찰의 틈을 허용하지 않는다. "저쪽이 적이다" 하는 구호가 대못으로 박히듯 각인된다. 외부의 비판은 음모론으로 무시된다. 세뇌하는 쪽은 당하는 쪽에게 늘 일정 정도 보상을 주면서 자신의 의도대로 행동하게 만든다. 혹시라도 이건 아니지 않느냐고 상대가 반론을 제기하면 가해자는 곧장 모욕, 굴욕, 무시로 응징한다.

오늘날의 증오 전파자는 세뇌를 애용한다. 주로 종교 지도자와 세속의 정치가인 이들은 선동적인 말과 글로 증오에 불을 지르고, 거리낌 없이 폭력을 조장한다. 뛰어난 언변과 탁월한 선동 능력을 자랑하는 이들이 주로 쓰는 증오 세뇌의 방법은 다음과 같다.

- 끊임없는 구호로 부정적 생각 심어 주기.
- 개인이 자신의 위상을 의심하고 상대화하는 것을 차단하기.
- 증오 대상과 그룹에 잘못 전가하기.
- 모든 공감의 거부.
- 증오의 합리화와 찬미.

개인과 사회의 고립

스스로 선택했든 어쩔 수 없었든 인간의 고립은 강력한 증오 증폭기로 작용한다. 사회적 고립도 마찬가지다. 개인이든 사회든 고립은 여러 심리 장애, 두려움을 비롯해 공포증을 유발한다. 고문과 사형이 폐지된 나라에서 죄수를 독방에 넣어 고립시키는 것이 가장 가혹한 형벌인 이유도 같은 맥락이다.

고립은 증오의 씨앗을 뿌리고 성장을 촉진한다. 어떤 생명체든 자유를 빼앗기면 격렬히 저항하며 공격적 반응을 보인다. 공격의 목표를 특정할 수 없을 때, 이를테면 자유를 빼앗으려는 폭군이 멀리 있어 공격할 수 없을 때, 두려움은 증오로 변모한다.

더욱이 격리는 공격성을 소화할 기회를 차단한다. 어찌할 바 모르겠는 심경을 말로 풀어내는 일은 커다란 치유의 힘을 발휘한다. 그래서 격리된 인간은 그 어떤 감정적 위안도 구하지 못한 채 증오를 키우게 되는 것이다.

현대 사회는 사회적 격리의 지극히 다양한 위협, 이를테면 실직, 오로지 컴퓨터 앞에만 앉아 일하는 재택근무, 인터넷 중독 등에 고스란히 노출되어 있다. 또한 가정주부나 노인도 사회적 격리에 취약하다. '코로나바이러스' 유행 당시 사회적 거리 두기 조치에 왜 사람들이 그토록 반감을 보였는지 납득이 된다. 지나친 개인화, 사회의 고령화, 갈수록 줄어드는 교류는 증오의 온상이 될 수도 있음을 함께 고민해야 할 시점이다. 격리에 따른 심적인 요소, 훼손당한 자존감, 주변의 일을 부정적으로만 바라보는 태도, 개별적인 경험의 일반화 등은 증오를 촉진한다.

집단의 비호를 받는 증오

거의 모든 감정처럼 증오도 사람들과 나눌수록 커진다. 어떤 증오는 집단으로부터 정당성을 부여받는다. 집단의 비호를 받는 개인의 증오는 망설일 이유가 없으며 폭력성이 커진다.

기쁨과 슬픔은 외부자를 끌어들이는 반면, 증오는 외부자를 따돌린다. 타인을 배제할 때 집단은 안정성을 얻기 때문이다. 예를 들어 외국인 혐오는 차이의 배제(이를테면 국적, 외모, 종교 등)로 설명된다. 이방인과 그 문화를 배척하면서 집단은 단결심을 고취한다.

대중의 증오는 빠르고 위험하게 전개된다. 군중심리는 개인 차원에서 억제하던 증오를 아무 거리낌 없이 분출하게 해 준다. 프랑스 사회학자이자 군중심리학의 창시자인 귀스타브 르봉Gustave Le Bon(1841~1931)은 일찍이 대중의 판단에 대해 "강제로 밀어붙여 절대 검증할 수 없는 판단"이라고 일갈했다. 그는 대중이 충동적이며, 어수선하고, 불합리하며, 쉽게 믿고, 암시에 곧잘 사로잡히며, 관용이라고는 모르는 나쁜 생각에 사로잡힌 독재자 같다고 여겼다. 대중 속의 개인은 "공동체 정신", 이른바 민족성이나 단체의 정체성에 휩쓸려 자신의 개성을 일정 정도 포기한다. 개인은 전체의 부분으로 느끼고 생각한다. 대중은 감정과 사실을 구별하지 못하며, 선동에 쉽게 사로잡힌다. 르봉은 대중 암시의 힘을 최면의 힘과 비교하기도 했다. 대중 속의 인간은 좋고 나쁨을 구분하지 못하며 편파적이다. 어떤 경우든 논리적이지 않다.

여성을 괴롭히는 집단 폭력

2022년 1월 28일 〈인디아 투데이India Today〉는 인도에서 네 번째로 자주 일어나는 범죄가 강간이라고 보도했다. 더욱이 최근에는 집단 강간마저 자주 일어난다고 한다. 예전에 뉴델리의 어떤 동네에서는 두 살배기 아이의 엄마인 21세의 여성이 이웃과 다투고 나서 끌려가 여러 명의 범인에게 강간을 당했다. 가해자 중 두 명은 미성년자였다. 더욱 기막힌 사실은 많은 사람들이 이 광경을 지켜보며 범행을 부추겼다는 점이다. 범행 이후 피해자는 얼굴에 검은 칠을 당한 채 머리카락마저 짧게 잘리고 사람들에게 욕보이라고 거리에 버려졌다. 오가는 사람들은 그녀를 발로 차고 지팡이로 때렸다. 집단은 증오에 사로잡혀 강간이라는 악행과 폭력을 서슴지 않았다. 더욱 심각한 사실은 나중에 이 암시적 증오가 피해자의 두 아이마저 범죄자로 만들었다는 점이다.

2012년 12월에 당시 23세의 여대생 조티 싱Jyoti Singh은 버스 안에서 난폭하게 강간과 폭행을 당했다. 그녀와 남자 친구가 집에 가려고 버스에 오르자 여섯 명의 만취한 남자들이 이 두 사람을 무차별 폭행했다. 이들은 쇠 파이프로 조티 싱을 때리고 이루 말할 수 없이 잔혹하게 강간했다. 한 시간이 넘도록 만행을 저지른 범인들은 싱과 남자 친구를 버스 밖으로 던지고 차로 깔아버리려 했다. 심각한 부상을 입었던 조티 싱은 두 주 뒤 사망했다. 여섯 명 가운데 네 명은 사형을 선고받고 2020년 3월 교수형에 처했다.

증오의 표출 방식 — 야금야금 또는 폭발적으로

뇌와 마음속에서 암처럼 자라나 다양한 요소로 몸집을 키우는 증오는 언제 어떻게 폭발할까? 증오의 폭발에는 두 가지 가능성이 있다.

계획적 실행과 꼼꼼한 기록

증오는 천천히 그리고 계획적으로 자라난다. 증오의 주체는 오랫동안 부정적 감정을 속에 담아 통제한다. 이 경우 증오는 심신 상관적 질병을 일으킨다. 혈압이 올라가고 심박이 이상을 보이며 위장이 문제를 일으키고 신장이 손상된다. 심지어 면역체계가 약해져 감염의 위험성도 커진다. 심리적 차원에서는 우울증, 두려움, 만성적 증오로 말미암은 여러 중독 현상이 불거진다.

통제할 수 없는 분출

증오의 발작적 분출은 이성적 통제가 불가능하다. 오직 공격성만이 사건을 주도한다. 폭발하는 증오, 욱하는 흥분, 발작적 분노라고도 하는 증오 폭발은 실제로 첨예한 공격성과 유사하다. 댐이 붕괴할 때처럼 오랫동안 속에 담아 온 화는 주변을 전혀 고려하지 않고 터져 나오며 그 어떤 제동도 불가하다. 부정적 감정이 몸과 마음을 완전히 장악한다. 증오는 모든 생각과 느낌을 압도해 오로지 상대를 파괴하려는 일념으로 불탄다. 증오가 분출하는 바로 그 순간은 증오가 생겨나 발달하는 전체 과정에서 파괴적 감정이 사령탑을 맡는 유일한 상황이다.

증오는 지속된다

화는 연기처럼 사라지고, 분노는 식지만, 증오는 남는다. 증오는 폭발한 뒤에도 잦아들지 않고 계속된다. 심지어 성공한 복수 후에 그 쾌감도 허망함을 부르지만, 증오는 그 발작적 분출 후에도 잿더미에서 다시 타올라 개인의 영혼과 공동체 정신을 갉아먹는다.

증오는 대단히 집요하고 끈질기다. 증오 주체는 오직 복수에만 매진한다. 증오가 이처럼 일관적인 이유는 분노라는 감정에 비해 훨씬 더 계획적이고 계산적이기 때문이다. 물론 증오도 생겨났다 사라진다. 하지만 매우 느리다. 그리고 증오를 일깨우는 요소는 너무나도 많기만 하다.

부모에서 자녀로 이어지는 증오

벌써 몇 년 전부터 정신질환을 앓아 직장도 그만둔 35세의 독신 남자는 형을 총으로 쏘아 죽였다. 법정에 제출할 소견서를 쓰기 위한 정신과 전문의와의 상담에서 그는 형이 부모의 편애를 받았으며, 공부도 더 잘했고, 직업적으로도 적지 않은 성공을 이루었다고 했다. 형제는 이미 오래전부터 서로 연락을 끊고 지내 왔음에도, 범인은 형이 늘 자신을 쫓아다니며 괴롭힌다는 느낌을 받았다고 했다. 2년 전부터 형이 자기 생각을 훔치기까지 했다고 동생은 주장했다. 밤과 낮을 가리지 않고, 몇 해를 넘기도록. 이런 상황을 견딜 수가 없어진 남자는 형을 향한 증오를 키우며, 이러다가 자신이 완전히 미쳐 버릴 뿐만 아니라, 목숨까지도 잃을 수 있다는 두려움에 사로잡혔다. 그는 자신을 방어해야만 한다는 결론을 내렸다.

정신병 치료를 위한 특수시설에서 형기를 마친 남자가 풀려났다. 매우 너그러워진 마음씨에 사람들에게도 친절해진 남자는 이제 확실히 호전된 것처럼 보였다. 다만 문제가 하나 있었다. 형의 딸, 그동안 성장한 딸이 다시금 자신의 머릿속을 훔쳐본다는 느낌에 남자는 소스라치게 놀랐다. 그는 다시금 증오가 깨어나는 것을 느꼈다.

chapter 06

증오의 속살
－파괴의 근원에 숨겨진 진실

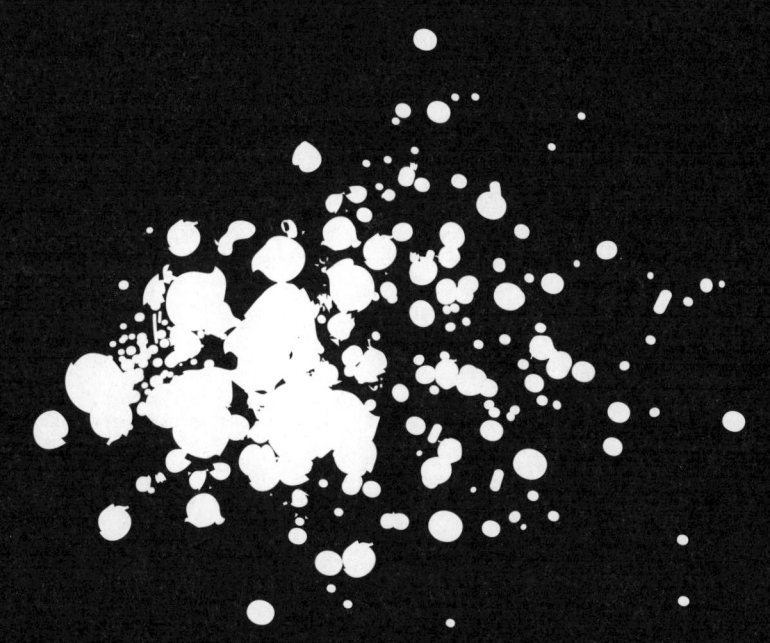

Die dunkle Leidenschaft
Wie Hass entsteht und was er mit uns macht

> "증오가 내 심장을 채운다면,
> 다른 모든 것은 사라진다."
>
> 로맹 롤랑Romain Rolland

증오의 원인과 성장, 그리고 실제로 나타나는 모습을 확인한 지금, 이 어두운 친구에게 직접 말할 수 있는 기회를 준다면, 그 어떤 방식의 설명보다 더 훌륭하게 증오의 본질을 말해 주지 않을까. 증오가 그룹 치료에 참여해 다른 감정들과 함께 경험을 교환한다고 상상해 보자. 증오는 이 모임에서 가상의 사례를 들어 가며 다른 참가자들에게 속내를 밝히고, 질문과 함께 비판과 격려를 동시에 받으며 자신을 돌아보게 될 것이다. 이 세미나의 다른 참가자, 즉 화, 분노, 시기심, 괴로움, 경멸, 나르시시즘도 마찬가지로 각자의 이야기를 들려주며 서로 비교하고, 솔직한 의견을 나눌 것이다. 양심이라는 이름의 코치는 세미나의 시작을 알린다.

"안녕, 나는 증오야"

"내 이야기는 별로 하고 싶지 않아. 사실 나도 나를 잘 모르니까." 증오가 말한다. "성별도 잘 몰라. 주로 남성이지만, 여성적 측면도 있기는 해. 나이? 나이야 인류만큼 먹었지. 너희들처럼 늙었고 젊기도 해." 증오는 화와 분노를 보며 말을 이었다. "어디 출신이고 부모는 누구냐고? 그런 질문이야 너희 자신에게 해야 하는 거 아냐? 너희 혈통이라고 더 나을 건 없잖아. 나의 아버지는 공격성이고, 어머니는 나쁜 생각이니까."

직업을 묻는 물음에 증오는 "파괴자"라고 답했다. 자신의 서비스는 인기가 대단하다고 했다. 늘 호황이며, 크고 작은 의뢰가 끊이지 않는다나. 별 볼 일 없는 사람은 물론이고 아주 중요한 인물까지, 아무튼 고객은 줄을 섰다고 한다. 최고의 고객은 정치라고 증오는 눈에 힘을 주며 말했다.

어디 사느냐고? 증오는 사람들 사이에 산다. 늘 사람들 한복판에서 우왕좌왕하며 냉혹한 심장과 악독한 두뇌를 즐겨 찾는다. 일하는 방식에 관한 물음에 증오는 단호하게 답했다. "모든 것을 짓밟아 침묵하게 만들어. 그러니까 너희도 내 앞에서는 입 닫아." 증오는 양심과 공감에게도 한마디 했다. "나는 모든 것을 압도해. 섬세한 감성, 오랜 고민과 토론도 나를 멈추게 할 수는 없어. 인간들은 나에게 감사해야만 해, 쓸데없는 고민을 줄여 줄 뿐만 아니라, 오락가락하는 감정에 휘둘리지도 않게 해 주니까." 질투는 증오에게 아주 작은 목소리로 이래도 좋은지 의심이 들어 주저할 때는 없는지 물었다. "내 목표는 명확하고 방법은 확실해. 죽음만큼이나 확실하지." 누가 친구이고 파트너인지도 물었다. "가장 친한 친구는 경멸이야. 잔혹함도 아주 좋아하지." 이번엔 화가 증오에게 그럼 너는 인간에게 무엇을 남겨 놓느냐고 물었다. 자신의 경우는 대개 후회와 사과라면서. 분노가 좀 겸연쩍은 표정으로 "나는 조금 부끄러울 때가 있어"라며 끼어들었다. 하지만 증오는 무표정하게 대꾸했다. "나는 감상을 싫어해. 양심의 가책, 후회, 그런 건 몰라."

세미나의 코치 양심은 증오에게 어떤 미래를 계획하고 있느냐고 물었다. "요즘 활기를 띠는 사업 분야가 있지. 정보통신 업계, 특히 반사회적인 미디어에서 나는 엄청난 성장세야." 이제 더는 물어보지 말라고 증오는 눈을 부라렸다. 슬슬 지루해지는 통에 짜증이 난다면서. 증오는 스스로 질문하는 일은 전혀 없다. 얼마나 오래 살 것 같은지 묻는 마지막 질문에 증오는, "인류가 존재하는 한, 그건 너희도 마찬가지잖아" 하며 비웃음을 흘렸다.

오랜 철학적 고찰, 최신 과학의 연구, 심리 치료의 임상경험을 종합하면 증오의 주된 특징은 다음과 같다.

- 파괴적 공격성
- 공감의 배제
- 섬세한 감정과 생각의 무시와 왜곡
- 사악한 생각에 주력함
- 잔혹함
- 세월이 흘러도 변치 않는 집요함

파괴적 공격성

공격성은 인간이라는 생명체를 움직이는 근본적인 힘이다. 하지만 증오의 경우, 이 생명력은 충동적이고 원초적이며 파괴적이다. 생명을 살리는 건설적인 공격성은 아무도 파괴하지 않는 반면, 증오의 파괴적인 공격성은 다른 사람을 통제하고 지배해 조작하며 결국에는 파괴한다. 생명에 건강한 기운을 불어넣고, 자아를 적극적이고 창의적으로 성장시키며, 공동체의 일원으로 세계를 더 살기 좋은 곳으로 만드는 일에 동참하고자 하는 에너지가 억눌리면, 무력감이 생겨날 수밖에 없다. 무력감에 맞서기 위해 긍정적인 공격성은 파괴적으로 변모하며, 무력함으로부터의 탈출구, 곧 증오를 향하게 된다.

눈먼 영혼 — 공감 능력의 상실

증오는 소통 행위이기도 하다. 증오의 주체와 증오 대상이 서로 대립하는, 일종의 사회적 상호작용인 것이다. 다시 말해서 누군가를 열렬히 증오한다는 것은 긍정적 공감 능력을 지워 버리는 일이다. 심리학이 냉혹한 사이코패스라 진단하는 사람의 대다수는 처지를 바꿔 상대의 감정을 헤아리는 공감 능력이 없거나 의식적으로 공감을 거부한다. 감정이입의 결여 또는 배제는 그 어떤 긍정적 공감도 허락하지 않는다. 감정을 함께 나누는 애정, 존중, 심지어 사랑은 아예 불가능하다. 많은 경우 증오는 대상을 능욕할 뿐만 아니라, 철저히 짓밟아 파괴한다. 증오가 동기로 작용한 최악의 범죄, 즉 민족 학살이나 전쟁은 선동으로 시작된다. 있지도 않은 적을 만들어 내고 과격한 언어와 자극적인 도발로 갈등을 부추긴다. 우리의 일상에서도 두 중요한 요소, 공감 거부와 굴욕 주기는 헤아릴 수도 없이 자주 일어난다. 상대의 기분과 마음을 조금도 헤아리지 않기에 그가 무슨 생각을 하고 왜 괴로워하는지 깨끗이 무시된다. "맹목적 증오"라는 표현이 등장하는 이유다. 정신분석학자 레옹 뷔름저는 이를 두고 "눈먼 영혼"이라고 표현했다. "다른 사람의 영혼이 품은 갈망과 욕구를 철저히 무시하는 태도"를 뜻한다. 상대방을 물건 취급하고, "자신의 만족을 이루려는 도구로만 쓰고는 곧바로 던져 버리는" 이런 증오는 피할 수 없이 "정신적 살인"을 부른다.

공감의 배제가 얼마나 잔혹한 결과를 초래하는지 1942년 1월 20일에 열린 반제 회담의 회의록은 잘 보여 주고 있다.* 악명 높은 국가보안부의 수장 라인하르트 하이드리히Reinhard Heydrich가 주최한 이 회담에는 열다섯 명의 남자가 참가했다. 모두 젊었으며 두 명 가운데 한 명꼴로 박사학위를 취득했을 정도로 교육 수준도 높았다. 이들은 머리를 맞대고 "유대인 문제의 최종 해결책"을 논의했다. 이 회담에서 회의록 작성을 맡은 인물은 나치스 친위대

● 반제 회담은 나치스 정권의 수뇌부가 베를린 근교의 호수 반제Wannsee에서 유대인 학살을 모의한 회담이다.

대장 아돌프 아이히만Adolf Eichmann이다. 1961년 예루살렘에서 열린 재판에서 피고인 아이히만은 오해의 여지가 없는 말투로 발언했다. "회담의 주제는 다양한 살해 방식이었습니다." 일말의 공감도 없이 오로지 죽음과 파괴만 노리는 음험하기 짝이 없는 공모는 증오의 무분별함을 적나라하게 보여 준다.

다른 감정과 생각의 무시

증오는 이토록 끔찍한 무분별함으로 다른 모든 감정, 심지어 냉철한 이성마저도 짓밟는다. 증오는 호감, 연민, 괴로움 또는 슬픔과 같은 인간적 감정을 깨끗이 지워 버린다. 좀 더 고민해 보겠다는 말 따위는 전혀 통하지 않는다. 증오는 신중함과 배려를 짓밟으며 오직 앞으로만 돌진한다. 증오에 사로잡힌 사람은 힘들여 고민하지 않는다. 증오에는 대안이 없다. 증오는 '브레인스토밍Brainstorming', 곧 창조적 해법을 찾으려는 집단지성에 의존하지도 않는다. 정확히 무엇 때문에 누가 미운지 자신의 감정을 헤아리거나 깊게 천착하는 일도 없다. 증오에는 섬세한 배려 따위가 깃들지 않기 때문이다. 인간의 감정 중 가장 부정적인 감정인 증오는 슬픔과 불안에 시달리지도 않는다. 이로써 증오는, 적어도 잠깐은 우월감과 강력한 힘을 맛보게 해 준다. 이 착각은 증오를 곱절은 더 위험하게 만든다.

증오는, 인지적으로든 감정적으로든, 매우 단순한 메시지이다.

테러의 동기가 무엇인지, 과격한 집단에 왜 사람들이 매력을 느끼는지 심리학자에게 그 원인을 물어보면 늘 "단순한 메시지" 때문이라는 답이 돌아올 것이다. 사실 심리학은 증오의 원시적 성격을 "단순하다"라고 표현하고 있다. 실제로 증오는 극히 단순한 지적 성찰의 결과물이며, 미숙한 감정적 충동이다. 그래서 증오로 얼룩진 사람과 아무리 토론해 봐야 의미 있는 성과를 기대하기 힘든 것이다. 증오는 모든 감정 가운데 가장 원초적이라는 심리학의 진단은 아주 정확하다. 증오는 부정적 사고와 파괴적 감정이 결합한 바윗덩어리다.

나쁜 생각에 끌려다니다

심리학은 감정과 이성이 서로 어떤 영향을 주고받는지 오랫동안 고민해 왔다. 화, 분노, 질투, 증오와 같은 감정은 생겨나고 자라나는 과정에서 저마다 특이점을 보이는데, 이 차이는 감정과 이성(정신)의 혼합 비율에서 기인한다. 아리스토텔레스는 이러한 사실을 다음과 같이 표현하였다.

"화가 난 사람은 비합리적으로 행동한다. 그러나 증오하는 사람은 그렇게 행동하지 않는다."

격한 감정임에도 계산적으로 행동한다는 점, 이것이 바로 증오를 위험하게 만드는 특징이다.

감정과 이성

증오로 가득한 사람은 철저히 계산적으로 행동한다. 정신분석학자 오토 컨버그는 증오를 고찰하면서 이 계산적 측면에 주목했다. 그는 증오를 "복잡한 공격성"으로 해석한다. 화나 분노와는 다르게 증오는 지속적이며, 계산적인 인지 능력을 이용한다. 또한 증오의 주요 특징은 혐오인데, 증오에서는 개인이나 특정 집단을 괴롭혀 트라우마를 안기려는 사디스트의 면모까지 찾아볼 수 있다. 역설적인 점은 이토록 필사적으로 상대를 파괴하려 하면서도 동시에 상대를 필요로 한다는 사실이다. 상대가 존재해야만 증오가 생명력을 유지할 수 있기 때문이다. 증오와 결부된 감정은 계속해서 그 힘을 키우지만, "본격적인 파괴의 순간"이 오기까지는 통제된다. 인지적 부분인 "증오 발상" 또는 "증오 관념" 역시 감정과 마찬가지로 꾸준히 지속되면서 어떻게 복수하면 좋을지 계산한다. 증오 관념은 거의 강박에 가깝다. 증오는 아주 사소한 계기만 주어져도 늘 새롭게 결의를 다진다.

정리하자면 증오는 부정적 감정에서 연료를 얻으며, 인지 부분, 즉 발상, 계획, 목표 설정으로 그 화력을 유지한다. 사악하고 계산적이다. 증오는 분노처럼 맹목적으로 그 공격성을 분출하지 않으며, 대개 목표에 맞추어 정도를 조절할 정도로 치밀하다. 이성이 증오를 조종하고 움직이게 한다면, 감정은 거기에 파괴적 힘을 싣는다.

잘못된 생각

컨버그는 또한 증오가 왜곡된 인식을 유도하는 현상에 주목한다. 이를테면 지각과 기억과 생각과 판단에 끼어들어 오판을 유도하는 무의식적 성향이다. 스위스의 정신과 전문의 뤽 치옴피Luc Ciompi도 이와 비슷한 이론을 밝혔다. '정서 논리Affect logic' 이론은 정서(감정, 기분, 충동)와 지성이 서로 영향을 주고받는다고 설명하는데, 이 이론에 따르면, 증오는 "정서 유전자 엔진"을 장착하고 있다. 쉽게 말해서 유전적인 감정이 증오를 이끄는 원동력을 제공하는 것이다. 생각이 바뀌면서 변덕을 부리다가 사랑이 돌연 증오로 비약하는 현상도 이 이론으로 설명이 된다. 증오에 휩싸인 사람은 왜곡된 인식으로 증오 대상을 사악하며 부도덕한 인간이라고 판단한다. 하지만 이는 잘못된 해석이다. 상대가 부도덕하고 나쁜 사람이라서가 아니라, 자신이 상황을 통제할 수 없다는 무력함이 왜곡의 원인이기 때문이다. 이 무력함이야말로 증오를 빚어내는 가장 근본적인 뿌리이다. 내가 할 수 있는 게 없다는 무력감이 자아를 흔들수록, 자아, 그리고 프로이트 심리학이 말하는 초자아, 즉 인성과 양심은 계산적인 합리화로 왜곡된다.

우크라이나 무력 침공을 합리화하는 러시아 대통령 푸틴이야말로 이러한 왜곡된 인식을 잘 보여 주는 사례라 할 수 있다. 푸틴은 역사적 사실을 왜곡해 가며 우크라이나 정부가 잘못을 저질렀다고 근거 없는 비난을 일삼고 있다. 그리고 지정학적 상황을 잘못 분석하는 수긍할 수 없는 오판으로 전쟁을 감행했다. 이런 침략전쟁을 정당화하는 편집광적 태도의 결정적인 원인은 증오에 있다. 참담하게도 이 증오는 갈수록 커질 것이다.

타인의 고통을 즐기는 잔혹함

증오의 또 다른 특징은 잔혹함이다. 증오는 잔혹함과 일치하지는 않는다. 잔혹함은 사디스트의 정신적 태도가 만들어 내는 것으로, 근본적으로 폭력의 강한 표현이다. 프랑스 철학자 마르셀 에나프 Marcel Hénaff(1942~2018)는 잔혹함을 "폭력 중의 폭력"이라고 꼬집었다. 잔혹함의 목적은 상대를 제압하는 승리를 넘어 아예 짓밟아 몸과 마음에 엄청난 고통을 남기는 데 있다. 잔혹함은 상대의 인간성을 파괴하려는 의지, 더 나아가 상대는 나와 같은 사람일 수 없다는, "인간도 아니다"라고 주장하려는 의지의 표현이다. 잔혹함은 상대를 돌이킬 수 없이 짓밟아 도저히 화해할 수 없는 상태를 추구한다. 증오 주체는 이런 잔혹함으로 자신의 인간성마저 부정해 버리기 때문에 희생자가 용서한다 해도 이에 화답할 수 없다. 저항에서 정의를 되살려 내겠다는 각오까지 폭력은 다양한 형태를 보이지만, 핵심은 언제나 상대를 짓밟고 파괴하는 잔혹함이다. 잔혹함은 순전한 폭력이며, "잔인하기 짝이 없는" 공격성이다. 그 유일한 동기는 권력을 과시하려는 욕구로, 다른 생명체를 괴롭히고 상대가 아파하는 것을 즐기고자 하는 뒤틀린 마음이다. 또한 가해자는 공감 능력의 부재로 괴물로 돌변한다. 더욱 심각한 것은 병적인 잔혹함은 그저 고통을 안기려 할 뿐, 다른 목적을 추구하지 않는다는 점이다.

마르셀 에나프는 어떻게 인간이 다른 사람에게 견딜 수 없는, 몸이든 마음이든 고통을 주는 일이 가능한지, 왜 우주 전체에서 유일하게 인간만이 이런 잔혹함을 보이는지, 해답을 찾기 위해 깊게 파고들었다. 왜 잔혹함은 인간을 이런 최악의 예외 상황으로까지 내몰까? 그는 다음과 같이 결론을 내렸다. "말을 하는 동물은 잔인한 동물이기도 하다. 자신이 누구인지 생각하는 자의식을 가진 동물은 같은 동물에게 견디기 힘든 아픔을 안겨 주려 안간힘을 쓴다."

잔혹함은 일차적으로 다른 생명체의 파괴까지 목적하지는 않는다. 잔혹함은 고통을 주고 괴로워하는 모습을 보며 즐기려는 사디즘이다. 사디즘은 주로 성적 쾌락을 추구하며, 섹스 취향에서 나타나는 일종의 병리 현상이다. 사디즘을 "파괴적 섹스"라 부르는 표현도 그래서 적확하다. 사디스트는 권력을 이용한 통제로 상대를 성적으로 지배하는 반면, 잔혹함은 공감을 외면하고 상대가 아파하는 것을 지켜보며 즐거워하는 야비함이다.

전쟁과 범죄의 역사는 증오의 역사이며, 이와 맞물린 잔혹함의 기록이다. 특히 노예제, 사디스트 범죄, 전쟁이 보여 준 잔혹함에는 한계가 없었다. 이런 사정은 오늘날까지도 전혀 변하지 않았다. 다음은 그 몇 가지 사례다.

- 사로잡은 사람을 사자나 굶주린 개들에게 먹이로 던져 준다. 로마 시대나 스페인이 아메리카를 점령하던 시절의 이야기가 아니다. 오늘날

에도 이런 일은 벌어진다. 싱가포르의 뉴스 웹사이트 〈더 스트레이트 타임스The Strait Times〉는 2013년 12월 북한의 독재자 김정은이 고모부 장성택과 그의 측근 다섯 명을 "공개처형"했다고 보도했다. 희생자들은 발가벗겨진 채 사흘 동안 굶주린 개 120마리가 군침을 흘리는 우리 안에 던져졌다. 독재자와 300여 명의 고위관리들은 한 시간 동안, 이 잔혹한 현장을 지켜보았다.

- 포로들은 중세 후기까지만 해도 말뚝박기라는 참혹한 방법으로 살해당했다. 루마니아 드라큘라Dracula(용의 아들) 가문의 공작 블라드 3세는 희생자의 항문이나 질에 막대기를 꽂아 세워 두었다. 며칠 동안 상상조차 하기 힘든 고통을 겪은 끝에 죽음에 이르는 이 처형은 듣는 것만으로도 귀를 의심하게 할 지경으로 잔혹하다.

- 종교재판과 마녀사냥의 시대에 마녀로 몰려 심판을 받은 여인은 "은근하게 오래 타는 불"로 화형을 당했다. 몇 시간에 걸쳐 타는 불꽃으로 희생자는 이루 말할 수 없는 고통을 겪은 끝에 사망했다.

- 이른바 "고무 테러"는 벨기에 국왕 레오폴드 2세가 식민지 콩고에서 1888년과 1908년 사이에 약 800만에서 1천만 명에 달하는 원주민을 학살한 사건이다. 콩고의 원주민과 그 자녀는 아주 사소한 잘못에도 손과 발이 잘려 처형을 당했다. 고무를 수확하며 할당량을 채우지 못한 노동자는 목줄에 매달린 채 채찍으로 맞거나 사살되었다.

- 유고슬라비아 내전 동안 자행된 무수한 잔혹 행위 가운데 특히 두드러지는 것은 전범 고란 옐리시치의 만행이다. 그는 1992년 5월에 16일 동안 100명이 넘는 무슬림 포로를 며칠이고 고문한 끝에 사살했다.

오늘날 그리고 유럽의 한복판에서도 잔혹한 범죄는 끊임없이 일어난다. 다음의 사례를 살펴보자.

동영상으로 찍은 살인

배심원들은 경악했다. 2019년 8월 인스브루크 법원에서 열린 살인사건 공판에서 검사는 동영상 하나를 틀었다. 이 영상은 오스트리아에서 일어난 가장 잔혹한 살인의 현장을 담고 있었다. "이루 말할 수 없이 야만적인 범죄"였다. 무수한 해부 경험으로 감정이 무뎌질 대로 무뎌진 법의학자조차 거친 숨을 몰아쉬며 "너무도 충격적이어서 할 말을 잃게 만든다"라며 고개를 돌렸다. 사건은 질투로 빚어진 살인이다. 이 끔찍한 드라마는 연인 사이인 인도 출신의 29세 남자와 22세 여자, 그리고 두 사람의 친구인 파키스탄 출신의 29세 남자 사이에서 벌어졌다. 파키스탄 남자는 요식업 종사자였다.

사건이 일어난 날 저녁, 여자는 두 남자와 한 명의 여자 친구와 함께 인스브루크의 작은 집에서 파티를 즐겼다. 술을 많이 마셨으며 춤을 추었다. 피곤해진 여자가 침대에 누웠을 때 파키스탄 남자가 옆에 누워 그녀를 추행했다. 그동안 인도 남자는 다른 여자를 강간했다고 나중에 진술했다. 여자 친구가 겁탈당하는 소리를 들은 인도 남자는 달려가 파키스탄 남자에게 무차별적인 폭행을 저질렀다. 주먹질과 발길질을 하며 그는 파키스탄 남자에게 자백을 받아냈다. "그가 범행을 인정한 순간, 나는 폭발했습니다." 그는 파키스탄 남자가 의식을 잃을 때까지 목을 졸랐다. 곧이어 그는 여자 친구에게 칼을 가져오라고 소리쳤다. 칼로 남자를 "찔러 죽이겠다"고 했다. 그리고 여자에게 스마트폰으로 범행 장면을 찍으라고 했다. 그는 칼로 여러 차례 남자를 찌르고, 숨을 헐떡이는 남자의 손을 칼로 잘랐다. 마지막으로 칼은 남자의 목덜미를 갈랐다. 살육은 80분 동안 이뤄졌으며, 마지막 사투는 17분이 걸렸다. 범인은 허리띠로 남자를 때려 성추행을 인정하게 했다. 여자는 "미쳐 날뛰는 남자 친구"가 두려운 나머지 그가 시키는 대로 해야 했다.

동영상은 남자가 이 잔혹한 범행을 얼마나 차분하게 저지르는지 고스란히 보여 준다. 그는 여유롭게 손을 흔들어 가며 냉소적인 농담까지 서슴지 않았다. 희생자의 아랫입술과 뺨의 일부를 칼로 잘라 낸 범인은 여자 친구에게 시체에 오줌을 누라고 했다. 법정에서 피고인은 자신이 어떻게 그런 일을 저질렀는지 모르겠다며, 너무 충격을 받았다고, 자신을 아는 모든 사람이 네가 어떻게 그런 짓을 했냐고 반문한다고 말했다. 변호인은 범인과 그 공범 여성이 희생자가 이미 죽었다고 믿은 모양이라며, 손을 잘라 낸 것은 고통을 주려는 게 아니라, 단지 능욕하고 싶어 그런 것일 뿐이라고 변론했다. 상황이 달아오르면서 피고인은 너무도 흥분한 나머지 앞뒤 가리지 못하고 잔혹함의 터널에 사로잡히고 말았다고 변호인은 변론을 마쳤다. 그는 살인죄로 무기징역을 선고받고 정신질환이 의심되는 범죄자로 분류되어 특수시설에 수용되었다. 여자는 죽은 사람의 안녕을 더럽혔다는 죄목으로 3개월의 실형에 처했다.

천천히 그리고 영원히

증오와 다른 파괴적 감정 사이의 또 하나의 차이점은 시간의 측면에서도 확인된다. 이와 관련한 이야기는 이미 앞서 한 바 있지만 다시금 짚어 보는 이유는 이 차이가 증오라는 현상에 대단히 중요하기 때문이다. 지금껏 살펴본 증오의 여러 특성을 이 결정적 차이 하나가 잘 정리해 줄 것이다.

  증오를 느끼고 불태우는 일은 본래 증오를 자극했던 사건보다 훨씬 더 오래 지속된다. 증오는 점차 몸집을 키우며, 오랫동안 눈에 띄지 않게 잠복한다. 말하자면 증오는 당사자의 속을 꾸준히 갉아먹는다. 화는 상대적으로 빠르게 달아오르지만, 지속은 중간 정도이며, 비교적 빠르게 식는다. 분노는 그야말로 수직으로 상승하듯 끓지만, 절정에 머무는 시간이 짧고, 역시 빠르게 식는다. 증오가 분출하는 현상은 분노와 비견할 만하다. 그러나 분노와는 다르게 증오의 분출은 자신의 감정을 푸는 것보다 증오 대상을 단호하게 파괴하려는 데 치중한다. 증오는 거듭 타오를 뿐, 사라지지 않는다.

증오의 특성 요약

지금까지 살펴본 증오의 정의와 묘사와 평가를 정리해 증오의 본질적 특성을 정리해 보자. 이 사악한 감정을 정리하는 전체적인 그림은 다음과 같다.

- 증오는 죽음 충동처럼 인간의 근원적인 심리 가운데 하나로, 언제나 증오 대상을 파괴하려 든다. 동물은 오로지 생존의 목적으로만 공격성을 이용한다. 이를테면 먹잇감을 마련하거나 짝짓기를 하려 공격한다. 반면 증오는 오로지 죽음으로 향한다. 다만 자신이 무력하다는 느낌에서 돌출하는 증오는 번듯한 인생을 살고 싶다는 욕구가 억압되어 생겨나는 반응이다. 이런 증오는 개인의 인격을 이루는 부분이라고 할 수 있다.

- 증오는 점차 덩치를 키우지만, 화나 격분과 같은 공격 성향보다 훨씬 더 지속적이다. 화나 격분은 폭발적으로 분출했다가 이내 식어 버리지만, 증오는 좀체 포기를 모를 정도로 집요하다. 일단 폭발하면 공격성을 어느 정도 해소하고 해방감을 선사하고 정의감을 만족시켜 주는 분노와 반대로, 증오는 인간관계를 차단하고 서로 질시하는 암울한 감정으로 이어져 허무를 부른다.

- 증오는 해당 주체가 공감 능력을 상실하거나, 증오의 대상에게 공감을 거부할 때 증폭된다.
- 증오는 상대가 자신을 이해하지 못하거나, 긍정적 반응을 보이지 않으며, 사랑에 응답하지 않을 때 고개를 든다.

- 증오는 알아차리지 못하는 사이에 당사자를 사로잡고 장악해 간다. 당사자의 느낌과 생각뿐만 아니라, 그 몸도 증오에게 점령당한다. 겉으로는 잘 드러나지 않게 숨어 있을지라도 증오는 온몸을 사로잡는 감정이다.

- 증오는 집요하게 목적을 추구한다. 증오는 흔히 특정 인물이나 물건, 집단이나 민족, 성향이나 이데올로기를 향하지만, 세계 전체 또는 심지어 자기 자신을 겨누기도 한다. 증오는 사랑을 상실한 반응, 공허함 탓에 빚어진 자포자기 또는 절망으로, 자기혐오로도 표출된다.

- 증오는 상대의 존엄성을 짓밟고, 조롱하고 경멸하며, 공감과 소통을 방해하고, 낙인을 찍어 고립시킨다.

- 증오는 원초적 충동으로 복잡한 감정이다. 증오는 고도로 발달한 다른 감정을 압도하며, 차분하게 지성으로 해결하려는 노력을 무용하게 만든다. 증오는 의심과 자책보다 훨씬 더 강력하다. 열등감과 소심함에 시달리는 사람도 증오에는 거침없이 파괴를 일삼는다. 불타는 증오심은 온갖 두려움도 깨끗이 극복한다. 전면에 등장한 증오는 다른

모든 감정을 지배한다.

- 증오는 뚫기 힘든 갑옷처럼 주인을 지킨다. 하지만 증오에 불타는 사람은 상처를 입고도 아픔을 느끼지 못하며, 공감이나 연민 또는 복수 같은 다양한 감정을 느끼지 못한다. 적극적 증오는 내면을 마비시켜, 자신이 강한 것만 같은 착각을 불러일으킨다. 말하자면 증오는 일종의 방패와 같다. 이 방패를 잃으면 당사자는 그때껏 억눌렀던 감정이 분출하는 커다란 혼란에 사로잡힌다. 슬픔, 고통, 절망, 의혹, 두려움, 무력감에 당사자는 통곡한다.

- 증오는 목적을 실현하고자 상황을 면밀히 살피고 계획한다. 말하자면 증오는 악의적 생각으로 계획되는 파괴적 공격성이다. 증오는 짖기만 하고 물지 않는 개가 아니다. 증오는 추호의 망설임 없이 물어뜯는 늑대다.

요컨대 증오는 "가장 파괴적인 형태의 경멸"이며, 그 무엇이든 짓밟는 혐오이다.

암흑의 수렁

많은 연구는 증오가 두려움과 근심을 줄여 주어 인류가 진화하는 데 도움을 주었다고 언급한다. 증오의 보호 기능 덕에 개인과 집단은 스스로 지키고 발달할 수 있었다는 것이 이런 주장의 핵심이다. 증오가 인간의 감정이 세분화하는 데에도 이바지했다는 의견도 있다. 두려움을 막아 주고 절망과 회의와 무력감을 이길 수 있도록 증오가 돕는다는 점은 앞서 언급했다. 그러나 증오의 이 모든 효과는 파괴를 강화할 뿐, 건설적 기능을 발휘하지는 않는다.

스위스 작가 막스 프리슈 Max Frisch(1911~1991)는 1967년에 증오를 주제로 한 인터뷰에서 이런 물음을 제기했다. "만약 저 수백만 명의 폴란드, 프랑스, 체코, 덴마크, 러시아, 영국 그리고 또한 독일 사람들이 히틀러를 증오하지 않았다면 어떻게 되었을까요?" 그리고 프리슈는 우리가 놓치기 쉬운 중요한 측면을 부각했다. "구세군이 명예롭기는 하지만, 점령당한 그 어떤 국가도 해방시키지 못했죠. 이렇게 보면 증오도 올바를 수 있습니다." 그러나 프리슈가 증오 그 자체가 긍정적이라고 말한 것은 아니다. 다만 그는 사악함을 막을 수 있다면 가장 무자비한 무기도 때로는 필요하다는 소회를 밝혔을 따름이다. 종종 목적이 수단을 정당화할지라도, 증오는 냉혹하고 파괴적이며 원시적인 성향이라는 사실이 변하지는 않는다. 결국 인터뷰의 말미에서 프리슈 역시 증오는 "파괴"일 뿐임을 강조했다. 그가 보기에 증오는 공격을 받는 사람보다 공격하는 사람에게 훨씬 더 심각한 문제를 안긴다.

"증오는 순간에만 빛을 발하는 불꽃일 뿐, 결국 암흑의 수렁으로 잡아끕니다."

chapter 07

불손한 친척들
─ 화, 분노, 경멸, 혐오

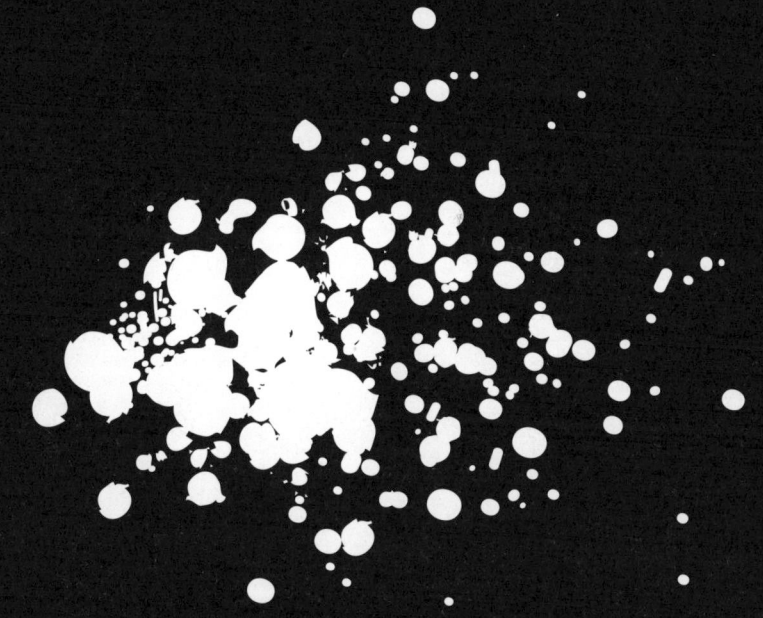

Die dunkle Leidenschaft
Wie Hass entsteht und was er mit uns macht

"인간은 이성적으로 파괴할 줄 아는 유일한 동물이다."

에리히 프롬

증오는 공격적 정서와 아주 강력하게 연결되어 있다. 사람들은 흔히 공격적 정서를 한 묶음으로 여기곤 한다. 바로 화, 분노, 경멸, 혐오이다. 이 감정들은 증오와 친척 관계이기는 하지만, 독자적으로 존재한다. 앞서도 언급했듯이, 증오는 이러한 공격적 정서와 달리 이성과 감정이 서로 균형을 이룬다는 점에서 결정적 차이를 보인다. 시간의 흐름에 따른 진행 양상과 파괴의 집중도에서도 구별된다.

  학자들은 이들을 좀 더 뚜렷하게 구분하려 애써 왔다. 이들 감정이 겨누는 대상의 특징이 첫 번째 기준이다. 증오의 대상은 대개 영원히 사악하고 음험하다. 감정의 대상이 긍정적으로 변화하지 않는다는 것이다. 이와는 대조적으로 화와 분노는 태도와 행동을 변화시키고자 하는 사람을 상대로 분출된다. 또한 증오는 상대의 태도나 행동을 향한다기보다는 대상 인물이나 집단 자체를 겨눈다. 예를 들어, 특정 인종을 겨눈 증오는 그들은 항상 못나고 사악하다고 핏대를 높일 뿐, 그 대상을 바꾸려고 하지 않는다. 오직 파괴하고 제거해야 할 뿐이다. 바로 이런 특성이 증오가 지속되도록 한다.

관련 연구는 증오와 다른 부정적 감정의 중요한 차이를 이른바 "감정 동기에 따른 목표"와 그 실천 행동과 연관해 설명한다. "감정 동기Emotivation"라는 개념은 "감정Emotion"과 "동기Motivation"를 조합해 만든 신조어로 감정과 동기가 서로 고양한다는 점을 담은 표현이다. "감정 동기에 따른 목표"는 감정이 이루고자 원하는 것을 말한다. 실천 행동은 감정과 밀접하게 맞물릴 수밖에 없다. 분노의 경우 이 목표는 격한 감정을 토로함으로써 실망으로 상한 속을 풀려는 것, 맹목적으로 자기 입장을 밀어붙이는 것이다. 화는 분노보다 덜 충동적이지만, 속에 꾸준히 불을 지피며 자신이 정의라고 생각하는 것을 구현하려 한다.

증오는 화와 분노뿐만 아니라, 냉혹한 파괴 의지와도 다르다. 나치즘이 자행한 "무가치한 생명"의 파괴, 감정이라고는 모르는 기계적인 파괴는 단순히 유대인 증오 탓만은 아니다. 자신을 신과

〈공격적 정서의 차이〉

감정 및 정서	등장과 시작	진행과 지속	감정의 밀도	인지적 조종
화	점차	중장기적	높음	강함
분노	갑자기	발작에 가까움	매우 높음	낮음
증오	천천히	지속	높음	매우 강함

비슷하다고 여기는 도살자에겐 증오의 이유가 없다. 그 유명한 오스트리아 출신의 철학자 귄터 안더스Günther Anders(1902~1992)는 「케케묵은 증오」라는 제목의 글에서 선언했다.

"돼지 잡는 백정은 돼지를 증오하지 않는다. 돼지는 증오 받아 마땅한 일을 하지 않았기 때문이다. 그리고 백정은 돼지를 증오할 필요도 없다."

화의 놀이 방식

화는 공격적으로 반응하는 감정으로, 신체와 정신에 어떤 피해를 보았다고 여겨질 때나 불이익을 당했을 때 생겨난다. 대개 부수적으로 자율신경계의 반응을 이끈다. '화Zorn'의 어원은 게르만어의 '투르나turna'로, 그 본래 뜻은 '투쟁심'이다. 적절하게 조절할 수만 있다면 화는 자존감과 인격의 보호에 기여한다. 아리스토텔레스는 이미 화를 인간의 열한 가지 근본 감정 가운데 하나로 꼽았으며, 현대 심리학도 화를 기쁨, 분노, 혐오, 두려움, 경멸, 슬픔, 놀라움과 함께 인간의 기본 감정으로 설명하고 있다.

일반적으로 화는 짜증으로 시작한다. 화는 힘을 키우면서 아차 하는 순간 욱하고 터지거나, 쌓이고 쌓여 울화나 앙심으로 변모한다. 화는 분노보다는 통제하기가 쉬우며, 증오보다는 덜 파괴적이다. 화는 괴롭힘이나 트라우마 경험보다는 수포가 되어 버린 요구 또는 부당한 처사에 보이는 반응이다. 화는 도덕적으로 증오보다는 나은 감정이며, 심리적으로도 훨씬 건강한 감정, 즉 상한 속을 달래고 정화하는 감정이다. 분노와 격분은 화의 특별한 형태이다.

신전 청소

명확한 이유 탓에 생긴 화는 심지어 "구원"의 느낌까지 불러일으킨다. 호메로스의 『일리아드』는 아킬레우스의 화를 신의 분노에 견주어 "신성한 열정"으로 묘사한다. 곧 인간의 분노는 앙심과는 공통점이 없다는 것이다. 신성한 화는 악과의 싸움, 정의를 위한 투쟁에 동기로 작용한다. 가장 유명한 사례는 『성경』의 네 복음서가 공통으로 전하는 예수의 일화이다. 예수는 예루살렘의 성전에서 난장판을 벌이는 상인과 환전상에 화가 치민 나머지 그들을 내쫓는다. "신성함을 추잡한 목적"으로 모욕하는 현장을 예수는 더는 두고 볼 수 없었기 때문이다. 「요한복음」 2장 13절에서 16절의 내용은 이렇다.

"유대인의 유월절이 가까운지라 예수께서 예루살렘으로 올라가셨더니 성전 안에서 소와 양과 비둘기 파는 사람들이 앉아 있는 것을 보시고 노끈으로 채찍을 만드사 양이나 소를 다 성전에서 내쫓으시고 돈 바꾸는 사람들의 돈을 쏟으시며 상을 엎으시고 비둘기 파는 사람들에게 이르시되 이것을 여기서 가져가라 내 아버지의 집으로 장사하는 집을 만들지 말라 하시니."

아리스토텔레스의 화와 증오

아리스토텔레스는 『수사학』에서 화와 증오를 대비하며 이 감정들의 본질을 다룬다. 그는 증오를 단순한 감정 그 이상의 것이라며 강조한다. 다시 말해서 증오의 주체는 증오 대상의 존재를 원천적으로 부정하는 싸움을 벌인다. 아리스토텔레스는 이렇게 썼다.

> "화는 지나가지만, 증오는 지속한다. 화는 아프게 하지만, 증오는 사악함 그 자체이다. 울화는 상대가 이 속상함을 느끼게 하려 하지만, 증오는 그런 것 따위는 안중에도 없다."

그는 "증오는 화보다 훨씬 더 끔찍하다"며 화는 정신의 특정 운동으로 생겨나지만, 증오는 한 인간의 심신 전체를 아우르는 감정, 곧 그 사람의 인격에서 비롯되는 문제라고 지적한다. 그래서 증오는 한번 생겨나면 좀체 사라질 줄 모르는 지속성을 보이는 것이다. 아리스토텔레스는 화를 유연하면서도 일시적인 심리 반응으로 해석한다. 반면 증오는 성격의 부분으로 자리 잡아 극복하기가 힘들다.

스토아학파의 거부

모든 철학자가 화를 긍정적으로 평가한 것은 아니다. 고대 로마의 시인이자 사상가인 세네카는 화를 비판한다. 자기 절제와 평정심을 이상으로 삼는 스토아학파의 대표적 인물이 세네카라는 점을 고려하면 그리 놀랍지는 않다.

"인간의 다른 정서는 침착하고 평화적이다. 그러나 화는 흥분과 강박으로, 아픔, 무기, 피, 처형 등을 거침없이 요구한다. 이런 욕구는 전혀 인간적이라고 볼 수 없다. 화는 상대에게 해만 끼칠 수 있다면 무슨 일이 일어나든 개의치 않는다. 화는 상대에게 몸을 던져 복수를 획책한다. 이 복수가 자신을 피로 물들일지라도!"

화와 분노의 차이

화는 언제나 사람을 향한다. 정황이나 사안을 두고 노엽게 여기는 사람은 없다. 또 자기 자신에게도 화는 내지 않는다. 인간은 자신에게 분노하기는 하지만, 화는 거의 내지 않는다. 화는 어떻게 하면 목표에 맞춰 발산할 수 있을지 고민한다. 세간의 말처럼, 화는 머리가 낳으며, 분노는 머리를 잃게 한다. 맹목적 분노는 감각을 흐리게 만들지만, 화는 감각을 날카롭게 곤두세운다.

분노의 본질

인간이 타고나는 기본 감정 가운데 하나인 분노 역시 증오와는 확연히 다르다. 분노가 뜨겁다면, 증오는 차갑다. 뇌과학은 분노하는 사람의 '중뇌 변연계'가 비정상적일 정도로 활성화하는 것을 확인했다. 이는 당사자가 정상적 행동을 하지 못하고 비상 상황에 내몰렸음을 의미한다. 비상 상황은 당사자가 느끼는 위협, 방해, 협착, 곧 불편함을 유발하는 모든 것에 맞서 공격을 준비하게 한다. 공격이 성공으로 끝나면 분노는 빠르게 식는다. 하지만 실패할 경우, "들끓던 분노"는 "무력한 분노"로 바뀐다. 앞서 몇 차례나 확인했듯, 무력함은 증오의 씨앗이 된다.

현실감각을 잃어버린 격한 흥분

분노와 증오의 공통점은 그 배후에 도사린 격렬한 공격성이다. 그러나 두 감정의 차이는 그 발단에서부터 드러난다. 흥분의 수준, 밀도, 인지와 감정의 혼합 비율, 신체에 스트레스를 주는 방식이 다르다. 분노는 폭발적으로 분출하는 반면, 증오는 비교적 완만하게 일어난다. 분노는 한 인간 전체를 사로잡는다. 생각의 눈이 멀고, 자율신경계는 최고의 흥분 상태에 치닫는다. 통제력을 잃어 어쩔 줄 모르는 분노는 결국 황당함과 무력함을 초래한다. 분노로 그야말로 끓어오르고 엄청난 에너지를 소진한다. 에너지가 바닥을 드러내면서 분노도 사라진다. 분노는 한 사람이 동원할 수 있는 모든 자원을 끌어다 쓰며, 현실감각을 상실하는 대가를 치를 수밖에 없다.

반대로 증오는 겉으로 잘 드러나지 않는다. 그 덕에 감정과 몸의 기능을 통제할 힘이 빠르게 소진되지 않는다. 분노는 속에 담아 두었던 뜨거운 김이 밖으로 터져 나오는 것과 같다. 반면 증오는 겉으로 드러나지 않는 화농처럼 알아차리기도 다루기도 어렵다.

좋은 측면과 병적인 특성

충동과 본능을 통제할 힘을 잃은 사람이 일으키는 피해는 결코 과소평가할 수 없다. 그래서 분노는 부도덕한 행위로 지탄받는다. 그런 만큼 분노의 긍정적 측면을 짚어 보는 일은 정확한 이해를 위해 반드시 필요하다. 특히 증오에서 긍정적 측면은 거의 찾아볼 수 없다는 점에서도, 분노의 긍정적 측면은 새겨 봄 직하다.

분노는 해방의 시원함, 속을 깨끗이 청소해 주는 효과가 있다. 분노의 발산은 속에 꾹꾹 담아 두었던 감정을 털어놓음으로써 근심을 해소하고 자존감을 높여 준다. 이런 측면에서 분노는 실제로 치유 효과를 발휘한다. 물론 자신이든 다른 사람이든 몸과 마음에 상처를 주는 일은 피해야 한다.

예전에는 "광란Hirnwut"* 이라고 불렸던 광분은 병과 다르지 않다. 분노가 지속되면서 제어할 수 없는 광분 단계에 이르면, 긍정적인 에너지를 주는 열광과는 대척점에 서는 감정이라고 보아야 한다.

속상함으로 태어나다

분노는 마른하늘에서 뚝 떨어지는 것이 아니다. 분노는 속상함이라는 전 단계, 곧 어떤 문제를 놓고 고민하며 노심초사하는 더 긴 전 단계를 거쳐 형성된다. 인간의 영혼을 일종의 술통이라고

• 글자 그대로 풀면 '두뇌의 분노'다.

생각해 보자. 실망, 좌절, 세상이 너무 불공평하다는 불만, 괴로움이 이 통 안에 가득 차면, 대개 한 방울만 더해져도 분노는 끓어 넘친다. 물론 제3자가 볼 때 이해하기 쉽지 않다. 일상의 소소한 문제, 이를테면 사소한 불친절, 질책, 다툼, 시시비비 또는 견해 차이에 분노가 폭발하기 때문이다. 그러나 아무리 사소해 보일지라도 이런 감정들은 심리의 "둑"을 무너뜨리고도 남을 가공할 힘을 발휘한다. 좌절, 짜증, 불편함은 그 자체로는 별거 아닌 것처럼 보이지만, 댐 안에 갇힌 물처럼 어마어마한 파괴력을 발휘할 수 있다.

아이의 분노 다루기

어린아이는 심리가 아직 기초를 확실히 잡지 못해 빠르게 바뀌는 경향을 보인다. 그래서 아이는 발작적으로 화를 내는 일이 아주 빈번하다. 울고 소리를 지르며 때리고 바닥에 드러눕기 일쑤다. 이런 행동은 지극히 정상이다. 아이는 이로써 자신의 감정을 맛보고, 이런 감정이 어떤 효과를 불러일으키는지 알아보려는 호기심의 발로이기 때문이다. 아동심리학은 아이에게 평온하게 행동하는 모범을 보여 주어야 한다고 충고한다. 어른이 감정을 다루는 방식을 보면서 아이는 많은 것을 배운다는 것이다. 대개 아이가 내는 화는 관심을 기울이거나 도와 달라는 요구, 또는 사랑을 유보하거나 아예 주지 않는 것에 실망해 보이는 반응이다. 그러나 아이가 자신의 요구를 밀어붙이려 화를 조작하는 경우에는 이에 반응하지 않는 것이 중요하다. 화를 내도 소용이 없다는 걸 아이 스스로 깨우치게 해야 한다. 그럼 아이의 화는 제풀에 식는다.

경멸하기

의식적이든 무의식적이든 상대의 가치를 인정하지 않는 경멸은 언제나 인간의 존엄성을 겨냥한다. 이런 점에서 경멸은 의심할 바 없이 가장 부정적인 감정 가운데 하나라 할 수 있다. 짜증과 욕지기와 거부 등으로 이루어지는 경멸은 인간의 기본 감정이기는 하지만, 병적인 나르시시즘의 성향을 보이기도 한다. 자아도취에 빠진 나머지 상대를 얕잡아 보는 공격적 정서가 경멸이기 때문이다.

경멸은 대체로 거만하다. 공격성인 증오가 상대를 공격하라고 부추기는 반면, 경멸은 상대와 거리를 둔다. 어떠한 경우에도 경멸은 교만하고 냉혹하다. 누군가를 경멸하는 사람은 자신이 도덕적으로 우월하다고 여기면서, 경멸을 자존감을 끌어올리는 도구로 삼는다. 프랑스 작가 줄 아메데 바르비 도르빌리Jules Amédée Barbey d'Aurevilly(1808~1889)는 증오와 경멸의 상호작용을 단 한 문장으로 묘사했다.

"증오는 경멸의 갈망을 느끼며, 경멸은 증오가 마시는 달콤한 물이다."

그러나 증오와 경멸 사이의 심리적 맥락은 명확하지 않다. 증오는 경멸의 공격적 형태일까, 아니면 거꾸로 경멸이 일종의 체념적인 증오일까? 애초에 증오로 시작된 감정이 실행으로 옮겨지지 못하고 경멸로 변하는 것일까? 공격성을 누를 수 없는 나머지 경멸은 증오로 돌변하는 것일까?

더는 구할 수 없다

"내가 그를 증오하냐고? 아냐, 증오라니, 그건 지나친 감정이지. 나는 그에게 감정이라는 게 없어. 아니다, 있기는 하지. 경멸이 제대로 된 표현이겠네. 그래, 나는 그를 경멸해!" 여인은 시큰둥한 표정으로 말했다. 여인은 맞은편에 앉은 남편, 비통한 표정으로 할 말을 잃은 남편을 거들떠보지도 않으면서 이렇게 말했다. 그녀의 발언은 오로지 이 만남을 거의 강제로 마련한 심리치료사를 의식한 것이었다. 부부 관계 치료를 위한 이 만남을 여인은 "마지막 기회"를 달라는 남편의 간청을 못 이기는 척 받아들였다. 쌀쌀맞은 말투로 그녀는 남편과 눈빛이 마주치는 걸 한사코 피하면서, 남편을 제3자 취급했다.

두 사람의 부부 관계는 무관심, 별거, 성격 차이 등 진부한 과정을 거쳐 위기에 이른 게 아니다. 두 사람 사이의 권력관계가 한쪽으로 지나치게 기운 것이 원인이었다.

남편은 외도한 적이 없으며, 가부장적이지도 않았고, 아내의 감정을 헤아릴 줄 모르지도 않았다. 그렇다고 나르시시스트도 아니었다. 본래 그는 사랑을 베풀 줄 아는, 비록 좀 내성적이라 쭈뼛거리기는 했지만, 가정적이고 배려심이 깊은 남자였다. 다만 유약한 것이, 너무 유약한 게 흠이랄까. "너는 배알도 없니!" 아내는 걸핏하면 남편에게 소리를 질렀다. "무슨 남자가 싸울 줄도 몰라." 아마도 여자는 사랑해서 결혼한 게 아닌 것이 분명했다. 하지만 그녀의 경멸은 남편을 사랑하지 않아서가 아니라, 남자의 유순함, 강해 보이지 않는 모습(그녀의 관점에서)과 이로 말미암은 미덥지 못함에서 비롯됐다. 그는 아내의 비위를 맞추려 끊임없이 노력했으며, 여자가 원하는 것은 무엇이든 알아서 해결해 주려 노력했다. 그러나 그는 인정과 관심을 얻지 못했으며, 오히려 무시와 경멸을 받았다. 굽신거리며 애원하고, 울면서 관계 회복을 간청하고, 심지어 자살하겠다고 위협했지만, 그럴수록 그의 위상은 더욱 처참해졌다. 결혼생활은 어느덧 회복할 수 없는 지경에 이르렀고, 아무 감정이 없는 관계, 공격적이고 부정적인 감정조차 없는 관계는 심리 치료도 도움을 줄 수 없었다.

정신의학은 증오와 경멸의 특성을 다음과 같이 정리한다. 경멸은 상대의 인격과 행동을 향하는 반면, 증오는 노골적으로든 암묵적으로든 상대 자체를 파괴하려는 악의이다. 증오가 "뜨거운 감정"이라면, 경멸은 "차갑기 그지없는 감정"이다. 경멸이 우월한 지위를 과시한다면, 증오는 사회적 열등감에서 비롯된다. 어떤 경우든 증오는 그 폐해가 훨씬 더 심하며, 다른 사람의 안전을 위협하는 위중한 결과를 낳는다.

관계 회복의 관점에서는 증오가 경멸보다 유리하다. 경험이 많은 심리 치료사는 증오가 생생한 관계는 아직 소생할 기회가 남아 있다고 본다. 부정적인 감정인 증오를 어느 한쪽 배우자가 갖고 있다는 것은 아직 관계에 열정이 살아 있음을 뜻하기 때문이다. 하지만 경멸의 경우에는 아무것도 남아 있지 않다. 그저 체념과 방어, 공허함과 경직만이 지배하는 관계는 어쩔 도리가 없다.

실제로 증오는 사랑의 감정이 남아 있을 때 생겨난다. 관계는 아직 생동감을 잃지 않았으며, 증오와 사랑이 밀접하게 맞물린 복합적인 감정, 즉 "애증"이라는 감정을 주고받는다. 반대로 경멸은 상대를 동등한 인격체로 인정할 수 없어서 생기는 감정이다. 경멸은 상대를 무시하고 외면하며 따돌린다. 증오가 궁극적으로 상대의 파괴를 노리는 반면, 경멸은 오직 상대의 사회적 사망을 획책한다. 많은 학자는 부부 관계에서 경멸은 증오보다 더 심각한 파괴력을 발휘한다고 입을 모은다. 베를린 자유대학교에서 감정의 철학을 연구하는 힐게 란트베어Hilge Landweer와 예나 대학교의 크리스토프 뎀멀링Christoph Demmerling 교수가 함께 쓴 논문은 다음과 같이 지적한다.

"증오는 쌍방관계에서 일어나는 감정으로 상대방의 자화상까지 건드릴 필요는 없다. 상대가 어떤 자존감을 자랑하든 짓밟고 파괴하면 그만이기 때문이다. 그러나 경멸은 상대에게 완전히 등을 돌려 버려서 어떻게 방어하면 좋을지 막막하게 만든다. 경멸은 사회적인 따돌림을 조장한다."

경멸은 혐오와 비슷하다. 혐오 역시 파괴를 노리는 공격적인 감정은 아니다. 혐오와 경멸은 매우 흡사하며, 혐오가 경멸로, 또는 경멸이 혐오로 뒤바뀌곤 한다. 감정의 밀도에서 차이가 있을 뿐이다. 더 밀도 높은 경멸은 우월감을 내세운다. 반면 혐오는 수동적이고 상대로부터 거리를 두려는 감정이다.

혐오는 거리 두기를 원한다

혐오는 강한 싫증과 반감, 메스꺼움, 구토, 발한 그리고 실신까지 유발할 수 있는 현기증과 같은 신체 증상을 동반한다. 특정 냄새를 맡거나, 어떤 못마땅한 것을 보기만 해도 일어난다. 그렇다고 혐오가 생물로서의 본능에만 뿌리를 둔 단순한 감정만은 아니다. 혐오는 사회화를 통해 학습되기도 한다. 이를테면 잘못된 '배변 훈련'으로 지나치게 민감한 성격이 형성되면, 혐오감에 쉽게 사로잡히는 병적인 예민함이 나타나기도 한다. 혐오는 특정한 경험 민감해 발생하는 감정이기도 하며, 아예 인격을 송두리째 사로잡는 태도이기도 하다. 어떤 혐오는 세상과 인생에 오로지 염증만을 유발한다. 우울증에 시달린 철학자 쇠렌 키르케고르Søren Kierkegaard(1813~1855)는 이렇게 토로한 바 있다.

"내 인생은 극한까지 내몰렸다. 나는 살아간다는 일이, 조금도 의미도 없는 이 고약한 맛이 혐오스럽다."

추행에 따른 혐오

수사관은 59세 남자의 시신에서 전부 열여덟 군데의 자상을 확인했다. 그 가운데 최소한 세 곳은 치명적이었다. 죽은 남자의 얼굴은 칼로 난자당했다. 그의 구강에서는 놀랍게도 물어뜯은 성기가 발견되었다. 몇 시간 뒤, 희생자의 22세 지인이 피의자로 체포되었다. 그는 술과 여러 마약으로 정신을 잃은 상태였다. 그의 범행은 시체 옆에서 발견된 토사물의 유전자 분석으로 확인되었다.

극빈층이었던 그는 일자리도 머리 누일 곳도 없어 이내 마약 소굴에 빠졌으며, 거기서 '할아비' 이야기를 들었다. 이 선량한 노인네는 어려움에 빠진 사람을 돕기 좋아하며, 마약 중독자나 전과자에게 먹을 것을 베풀고 심지어 약간의 용돈도 주며, 재워 주기까지 한다고 했다. 남자는 노인을 찾아가 도움을 청했다. 두 사람은 함께 대마초를 피우고 술을 마셨다. 얼큰해진 노인은 남자에게 다가와 그를 어루만지며 갈수록 더 많은 것을 원했고 구강성교까지 이어졌다. 결국 꼭지가 돌아 버린 남자는 노인을 살해했다.

가혹하기 짝이 없는 살인과 매우 상징적인 시신 훼손으로 미루어 범행 동기는 증오라기보다는 혐오에 가까웠다. 범인의 신문도 같은 결과를 확인해 주었다. 그는 어려서 동성애자로부터 성추행을 당했다. 여섯 살에서 아홉 살 사이에는 사촌 형에게 무수히 많은 변태 행위를 강요받았고 입으로 욕구를 풀어 주어야만 했다. 그때마다 견딜 수 없는 수모와 함께 치욕을 느낀 그는 이후 절대 성적 접촉을 갖지 않았다. 생각만으로도 토할 것 같은 혐오를 견딜 수가 없었기 때문이다. '할아비'가 행위를 강요했을 때, 반감과 혐오는 참을 수 없이 커진 나머지 증오로 변모해 버린 것이다.

혐오는 경멸, 수치, 분노, 증오처럼 거부, 즉 "상대를 향한 반감"

이라는 공통점이 있기는 하지만, 동일한 감정으로 취급해서는 곤란하다. 혐오는 화나 증오처럼 공격적 감정이 아니며 파괴를 계획하지도 않는다. 오히려 혐오는 상대로부터 거리를 유지하려 애쓴다. 혐오와 가장 비슷한 감정은 경멸이다. 물론 혐오는 더 강하고 지속적인 거부감으로, 오로지 인간과 관계하는 감정이다. 특히 도덕적 혐오, 위선자, 사기꾼, 나르시시스트를 상대로 하는 도덕적 혐오는 언제나 경멸과 맞물린다.

혐오는 이를 촉발하는 대상의 종류, 감지하는 감각기관 또는 반응의 종류에 따라 달라진다. 혐오를 일으키는 대상의 종류와 폭은 크고 넓다. 곪아 가는 상처, 썩은 고기, 상한 음식, 몸의 뒤틀린 부위, 죽은 동물의 사체, 침, 땀, 토사물 또는 배설물은 욕지기와 함께 혐오를 불러일으킨다. 물론 혐오는 교양과 문명의 발달 수준에 따라 달라지기도 한다. 부끄러움과 창피함을 느끼는 문턱의 높이가 변하면서 혐오의 문턱도 높낮이가 달라지는 것이다. 중세에는 식사 중에 크게 트림을 하거나 코를 풀거나 기침을 해도 그저 그런가 했다. 독일의 심리학자 베른트 로이쉔바흐Bernd Reuschenbach는 이런 사정을 인상 깊게 묘사했다.

"중세에는 변소에서 무얼 먹는 게 아무렇지도 않았던 반면, 오늘날에는 용인될 수 없는 몰상식함이다. 손으로 음식을 먹는 것도 마찬가지다."

학자들은 혐오를 당사자의 관점에서 바라볼 필요가 있다고 강조한다. 자신이나 다른 사람의 신체와 관련해 경계를 넘는 위해가 가해질 때 혐오는 이를 본능적으로 막으려는 감정이기 때문이다. 이를테면 혐오는 원하지 않는 상황에 휘말리는 것을 막는다거나, 고약한 냄새에 위험을 느낀다거나, 아이에게 먹기 싫어하는 것을 강요할 때 나타난다. 철학자 아우렐 콜나이는 혐오가 증오와 마찬가지로 자기보존 본능에 따른 두려움에서 기인한다고 설명한다. 그는 몸에 가해지는 위협이 두렵거나 죽음이 무섭거나 본능적으로 거리를 두려는 감정이 혐오라고 설명한다.

chapter 08

증오의 얼굴
— 편집증, 나르시시즘, 자아 중독

Die dunkle Leidenschaft
Wie Hass entsteht und was er mit uns macht

> "인간의 증오를 전기로 바꿀 수만 있다면
> 온 세상이 밝아지리라."
>
> 니콜라 테슬라Nikola Tesla

증오는 불이익, 괴롭힘, 시기, 질투 등 특정 자극에 반응한다. 하지만 인성의 한 부분으로 자리 잡은 증오가 나타날 때도 있다. 심리학자 에리히 프롬은 증오를 두 가지 근본 형태, 즉 "반응적인 증오"와 "성격적 증오"로 분류한다. 성격적 증오는 당사자가 외부 세계와 자기 자신을 상대로 품는 적대감이다.

예전에도 많은 철학자와 심리학자가 비슷하게 분류한 바 있다. 하지만 현대의 인성 심리학에 "증오 성격"이라는 개념은 없다. 세계보건기구WHO의 정신의학 진단 목록에도 "증오 인성"은 찾을 수 없다. 그러나 범죄심리학이 프로파일링을 하는 현장에서는 증오 인성이라는 개념은 얼마든지 발견된다.

증오 인성이란 어려서 겪은 부정적 경험으로 성격과 행동에 증오의 특징이 새겨진 것을 말하는데, 이런 특성은 청소년기에서 노년기에 이르기까지 당사자를 오랫동안 지배하며 끊임없이 누군가를 증오하도록 부추긴다.

인성 장애라는 개념을 올바로 이해하기 위해서는 먼저 이것이 질병이 아니라, 인간이 겪을 수 있는 고통의 한계를 넘어서는 일탈을 언급하는 개념임을 알아야 한다. 독일 출신으로 영국에서 활동한 심리학자 한스 위르겐 아이젠크Hans Jürgen Eysenck(1916~1997) 교수가 정의한 인성의 정의를 살펴보자.

"인성은 다소 정도의 차이는 있지만 안정적이고 지속적인 성격 특징, 곧 기질, 지성 그리고 주변 환경에 적응해 형성된 신체의 특징을 아우르는 개념이다."

인성은 유전적 요소와 유아기의 환경, 성장 과정의 교육과 경험에 따라 달라진다. 물론 인성의 정상과 비정상, 건강한 상태와 병적인 상태의 경계를 분명히 나누기란 쉽지 않지만, 인성이 건강한 상식과 부합하지 않아서 사생활에서든 직장에서든 자신과 타인에게 해를 입힐 때, 우리는 이를 인성 장애라 부른다.

인성 장애는 심각한 문제를 야기한다. 특히 특정 감정에 지나치게 쏠리는 경향, 자기 통제의 어려움, 왜곡된 현실감각 등에 주목해야 한다. 어떤 사람의 성격과 행동 탓에 주변이 괴롭다면 심각한 문제이다. 또한 폭력 범죄에서 "심리적으로 인정할 만한 정상적인 동기"를 발견할 수 없는 경우에도, 정신질환 또는 환각의 가능성을 배제할 수 없다면, 인성 장애를 의심해 볼 수 있다.

이중의 칼부림

2022년 2월 18일 오스트리아의 도시 그라츠 한복판에서 자정이 지난 시간 피범벅이 된 22세의 남자가 발견되었다. 그는 두 명의 여인, 일면식도 없는 여인들이 아무 이유도 없이 칼로 공격했다고 말했다. 같이 있던 친구가 놀라 제지하려 하자 그때야 두 여인은 달아났다고 한다. 그는 상체, 특히 목과 머리에 열세 군데 자상을 입었다. 비상이 걸린 경찰은 두 여인을 추적하는 과정에서 또 다른 피해자를 발견했다. 피해자는 이라크 출신의 17세 남성이었는데, 그는 두 여인이 친절한 미소를 지으며 다가와 곧장 그에게 칼을 휘둘렀다고 진술했다.

얼마 지나지 않아 18세의 두 여인을 체포한 경찰은 예전에도 두 여인이 모르는 사람을 위협하고 불을 지른 범행을 저질렀음을 밝혀냈다. 신문 과정에서 두 여인은 서로 책임을 떠넘기면서 술과 마약 탓에 그런 행동을 했다고 털어놓았다.

이런 범죄는 "범죄 언어", 즉 사건 현장에서 발견된 단서로 가해자의 동기와 심리를 추론해야 한다. 물론 이때 얻은 결론을 최종 수사 결과로 대체할 수는 없다. 일단 범죄 언어는 가해자와 피해자 사이에 사건 이전에 갈등 상황은 없었음을 확인해 준다. 이들은 서로 모르는 사이였다. 무슨 다툼이 벌어진 것도 아니기 때문에, 통제할 수 없는 격한 감정 탓에 사건이 벌어졌다고 보기는 어렵다. 칼부림을 한 두 여인이 술에 취했다거나 마약을 복용했다 할지라도, 완전한 환각 상태에 빠진 것도 아니었다. 두 사람은 처음부터 의도적으로 범행을 저질렀다. 그 밖에도 두 여인이 병적인 환각 상태에서 범행을 저지를 정도로 희귀한 정신질환을 앓고 있다는 증거도 없다. 그렇다면 동기는 단 하나다. 이 범죄는 인성 장애에서 비롯된 증오가 그 원인이다. 온 세상이 증오스러운 나머지 두 여인은 우연히, 곧 하필이면 재수 없이 현장에 있던 사람을 상대로 칼부림을 저지른 것이다.

이제 우리는 어떤 형태의 인성 장애가 증오의 특성을 닮았는지 살펴보아야만 한다. 이런 특성이 가장 두드러진 경우는 편집증이다. 편집증은 불평불만을 일삼으며 광신에 가까운 고집을 보인다. 더 나아가 반사회적인 나르시시즘에 빠지고 마는 사람 역시 증오에 사로잡히기 쉽다.

편집증, 불평불만, 광신

성인의 약 1.4퍼센트에서 나타나는 편집증 인성 장애의 주요 특징은 어떤 상황이든 불신으로 일관하는 태도, 즉 중립적이거나 심지어 친절한 행동을 위험하고 적대적인 행위로 해석하는 경향을 보인다. 그래서 편집증에 사로잡힌 사람은 아무 근거도 없이 주변 사람이 자신을 해치고 속이거나 심지어 배신하려 한다고 의심한다. 다른 사람을 좀체 신뢰하지 않으며, 마음의 문을 열더라도 멈칫거리고 오랜 시간을 필요로 한다. 이유는 두려움 때문이다. 근거가 없는 이 두려움이 바로 타인이 자신을 악의적으로 해치지 않을까 의심을 풀지 못하게 한다. 이들은 무해한 촌평이나 일상의 소소한 일마저 자신을 겨눈 공격으로 받아들여 성급하게 반격한다. 거절과 실패에 대한 과도한 예민함, 끝없는 분노와 불신, 오로지 자신만이 옳다는 논쟁적이고 부적절한 고집, 항상 자기중심적인 태도와 쉽사리 음모론에 사로잡히는 경향이 편집증에 사로잡힌 사람의 특성이다.

편집증 환자는 대개 날카로우며 에너지가 넘치고 야심이 크다는 평판을 듣는다. 하지만 이런 세평이 무색할 정도로 애정 관계는 혼란을 겪는다. 배우자나 애인을 구체적 계기도 없이 의심하는 의처증이나 불신은 관계를 파탄으로 몰아넣기도 한다. 사회적으로는 의심과 비판과 불평을 일삼는 통에 고립되기 쉽다. 물론 당사자는 이런 고립에 다시금 편집증으로 대응한다. 고립 속에서 불신은 공격적 충동으로 변하고, 상황을 이렇게 나쁘게 만든 인물을 상대로 증오를 키운다.

"정의감에 불타는 나르시시스트"라는 평을 기꺼이 듣고 싶어 하는 불평불만주의자를 정신의학은 "독단적이며 거만하고 광신적이어서 올바른 가르침을 전혀 받아들일 줄 모르며, 별거 아닌 일에 쉽게 상처를 입거나, 사소하고 매우 주관적인 부당함에 예민하게 반응해, 언제나 싸울 준비가 되어 있는 사람"이라고 정의한다.

"광신에 사로잡히는 인성"은 정치에서 세계관, 종교에서 건강에 이르기까지 특정 이념을 지나치게 높이 평가하며 오직 그것에만 몰두한다. 이념을 실천에 옮기는 데 있어 배려라고는 모르며, 주변 사람의 정당한 관심과 요구를 무시하는 통에 광신자는 세상이 어떻게 돌아가는지 전체를 파악하는 안목을 잃는다. 독일의 극작가 하인리히 클라이스트Heinrich Kleist의 작품『미하엘 콜하스 Michael Kohlhaas』(1986)는 편집증에 붙들린 사람이 어떻게 사소한 불의 때문에 증오를 키워 범죄를 저지르고 죽음에까지 이르는지 인상 깊게 묘사한다.

수동적 공격성과 반사회적 인간

수동적 공격성을 보이는 인성 장애는 사회생활에서 감당해야 하는 일을 회피하거나 미루기만 하는 소극적 장애라 할 수 있다. 저항과 분노와 증오를 부른다는 점에서 다른 장애 못지않게 위험하다. 당사자는 늘 심통이 나 있으며 예민하고 걸핏하면 싸우려 든다. 특히 어떤 요구를 받을 때 이런 반응이 나타난다. 처음에는 고의로 일 처리를 늦추며 의도적으로 실수를 저지르고 깜빡 잊었다고 둘러댄다. 아무 이유도 없이 일을 하지 않으면서, 다른 사람이 늘 무의미하고 비인간적인 요구를 한다고 불평을 늘어놓는다. 그러면서도 일은 자신이 훨씬 더 잘한다고 강변한다. 타인의 충고도 기분 나쁘게 받아들인다. 자신보다 높은 위치에 있는 사람에 대해서는 과도한 비판과 경멸로 일관한다. 이들은 자신보다 어느 모로 보나 운이 더 좋은 사람을 헐뜯고 비웃으며 질투와 앙심을 숨기지 않는다. 이런 태도에서도 증오가 자라난다.

반사회적 인성은 규범과 가치의 체계에 적응하지 못하거나 매우 어렵게 어울릴 따름이다. 이 인성 장애는 다른 사람의 감정을 헤아릴 줄 모르는 무정함과 두려움이라고는 모르는 태도를 보인다. 이는 공감의 거부와 다른 감정에 대한 외면을 뜻한다. 둘 다 증오의 본질적 요소이다.

더 나아가 반사회성 장애는 증오와 마찬가지로 무책임하고 실패를 받아들일 줄 모르며 걸핏하면 공격적 태도를 보인다. 잘못을 다른 사람에게 떠넘기며 죄책감이라고는 모른다. 인구의 1~3퍼센트 정도에서 나타나는 반사회적 인성 장애를 두고 "비도덕적이고 반사교적 장애 또는 사이코패스"라고 부르는 것은 전혀 과하지 않다. 이 심리 질환은 다른 심리 장애, 이를테면 알코올 중독이나 마약 중독, 법을 무시하는 태도와 맞물리며 본격적인 정신병의 행태를 보인다. 반사회성 인성 장애는 범죄적 태도와 사이코패스의 행태에서 논리적으로 생각하지 못하고 현실감을 상실하는 것과 같은 일관된 맥락을 보인다. 주요 증상은 이기심, 냉혹한 감정, 타협을 모르는 태도, 공격성, 충동, 반사회성이다. 역시 모든 증상은 증오와 밀접하다.

나르시시스트의 증오

인성 장애 가운데 증오와 가장 가까운 것은 나르시시즘이다. 나르시시즘은 파괴적 시기심의 원천이자, 상대를 끊임없이 얕잡아 보는 태도의 원인이기 때문이다. 증오와 나르시시즘의 연관을 밝히기 위해서는 이 장애의 중요한 특징을 먼저 살펴볼 필요가 있다. 오늘날 사람들은 이 특징을 "차이트가이스트Zeitgeist(시대정신)"라 즐겨 부른다. 전설에 등장하는 숨 막히는 미모의 젊은 청년 나르키소스에게서 이름을 얻은 이 장애의 주요 요소는 다음 다섯 가지로 정리된다. 이 요소는 저마다 증오와 인과적이거나 목적적으로 연관되어 있다.

- 자기중심적 사고: 자신과 다르게 생각하는 사람을 증오함.
- 아집: 자신을 칭찬하지 않는 사람을 증오함.
- 예민함: 병적일 정도로 민감해서 자신을 괴롭혔다고 생각하기 십상이고 그를 증오함.
- 공감의 결여: 공감하지 못하는 탓에 생겨나는 증오.
- 타인의 평가절하: 주변 사람에게 굴욕을 안기는 증오.

자기중심적 사고는 늘 자신을 중심에 세우는 태도를 뜻한다. 어떤 것이든 무슨 일이든 나의 관점에서 바라보며, 모든 사회관계를 "나로, 더 나답게, 가장 나에게 충실하게" 꾸민다. 마치 '에고Ego 주식회사'의 대표이사이자 말단직원이나 되는 듯 흡족한 미소를 짓는다. 나르시시스트는 부풀린 자아를 마구 밀어붙이며 다른 사람의 사정은 무시한다. 일말의 가책도 없다. 나르시시스트는 타인을 일차적으로 쓸모로 판단하는 탓에 조작과 도구화의 달인이다.

이 나르시시스트를 숭배하지 않으며 선을 넘었다고 지적하거나 심지어 나르시시스트보다 더 강한 자신감으로 맞서는 상대에게 그는 불편함을 숨기지 않고 불쾌함을 흘린다. 하지만 그는 두려움에 떤다. 그리고 인정과 사랑을 받지 못한다고 느끼는 탓에 생긴 두려움은 곧 증오로 변모한다. 동시에 불편함과 두려움을 준 상대를 나르시시스트는 애써 깎아내린다. 남의 인정과 칭찬에 목이 마르고 긍정적 공감을 얻지 못해서 드러나는 증오는 유약하고 자신감이 부족해서 겉모습만 꾸며 대는 인간의 피할 수 없는 선택이다.

아집은 자기애가 아니다! 나르시시즘은 자아 중독이다!

나르시시즘을 병적인 자기애自己愛로 보는 해석은 잘못이다. 나르시시스트는 사랑을 할 수 있는 능력이 없기 때문이다. 심지어 자기 자신조차 사랑할 줄 모른다. 나르시시즘은 "자아 중독"이다. 이 중독에서 마약 노릇을 하는 것은 인정과 칭찬과 찬양이다. 마약이 환각을 일으키는 것과 마찬가지로, 나르시시스트는 아첨꾼과 노예들의 찬양에 도취한 나머지 현실과는 동떨어진 자화상을 그릴 따름이다. 문제는 이런 환각이 광기를 일으킨다는 점이다.

아집 또는 자아 중독은 여타의 중독과 마찬가지로 브레이크가 없다. 그래서 나르시시스트는 갈수록 더 많은 아첨에 목말라한다. 그는 자신에게 마약이 충분히 공급되지 않거나 유보된다면, 두려움과 공포로 반응하다가 결국에는 증오를 드러낸다. 찬양과 숭배라는 환각제를 주지 않거나 빼앗는 사람을 향한 나르시시스트의 증오는 파괴적이다.

병적일 정도의 예민함과 공감 능력 부재

나르시시즘의 가장 중요한 문제임에도 거의 주목받지 못하는 위험은 바로 극단적인 예민함, 병적일 정도로 모욕당했다고 여기는 심리이다. 지그문트 프로이트가 나르시시즘을 다루면서 이 문제를 별도로 "자아도취적 모멸감"으로 다룬 것은 우연이 아니다. 겉보기로는 대단한 자신감을 자랑하는 나르시시스트의 결정적인 아킬레스건은 극도로 예민한 자존감이다. 자신과 다른 생각은 무엄하게 왕의 권위에 도전하는 것이고, 어떤 반론이든 적대적인 거부로 받아들이며 용납할 수 없다. 눈높이를 맞추고 토론하자고 덤비는 사람은 나르시시스트의 눈에 감히 자신을 찬양하지 않는 사이코패스일 뿐이다.

나르시시스트는 증오하는 사람과 마찬가지로 공감할 줄 모른다. 상대가 어떤 감정이고 무슨 생각을 하는지 읽어 내는 사회적 능력은 교육뿐만 아니라 두뇌의 특정 영역이 건강하게 활동하느냐에 따라 달라진다. 나르시시즘 인성 장애를 앓는 사람은 주변 사람의 감정을 헤아리는 역할을 하는 고도로 발단한 두뇌 세포인 거울 뉴런의 활동이 현저히 떨어진다.

가벼운 형태의 증오

나르시시스트는 남을 깎아내리는 일에 혼신의 힘을 기울이다. 이런 평가절하는 가벼운 형태이기는 하지만, 강력한 증오를 키운다. 나르시시스트는 언제나 시기심과 열등감으로 경쟁자로 보이는 모든 사람, 심지어 물건까지 평가절하하고 미워한다. 동등한 관계를 위협으로 받아들이는 탓에 최악의 경우에는 상대를 파괴하려 공격한다. 나르시시스트는 상대를 다양한 면모에서 받아들이지 않고, 오로지 어떻게 해야 상대를 조작해 자신에게 유리하게 만들지 골몰할 뿐이다.

비루먹은 개처럼

쉰 살을 목전에 둔 한 대기업의 부회장이 "신경쇠약" 탓에 정신병원에 실려 왔다. 그는 분노가 폭발한 나머지 회장과 삼촌을 주먹으로 때렸으며, 창에서 뛰어내리겠다고 한바탕 소동을 피웠다. 82세의 삼촌, 이 대기업의 소유주인 삼촌은 너그러운 어른은 아니었다. 작달막한 키에 정상 체중에 못 미치는 홀쭉한 몸매에 커다란 안경을 썼으며 입은 옷은 너무 커서 헐렁해 보였다. "삼촌은 공개석상에 나서길 좋아하지 않았고, 독불장군 성격에 노년에 이르기까지 흐트러짐이 없이 규율을 지키는 생활을 했으며 대단히 부지런했지만 정말 심술이 대단합니다." 조카는 삼촌을 이렇게 묘사했다. 삼촌은 독신으로 가족이 없어서 조카가 기업을 물려받을 후계자로 내정되었지만, 조카는 바로 옆에서 삼촌이 자신을 어떻게 여기는지 고스란히 겪어야만 했다. 삼촌이 보는 조카는, 말 그대로 있으나 마나 한 존재였다. "너는 자질이 전혀 없어. 아무래도 네가 이끌면 회사는 망하고 재산은 눈 녹듯 사라질 거야." 회사를 언제 넘겨줄 것인지는 언급조차 하지 않았다. 그래서 회사 직원들은 부회장을 두고 "찰스 왕자"라고 수군거렸다.

언제 끝날지 모르는 기다림에 조카는 지쳐 버렸다. 그렇다고 일을 하지 않는 건 아니었지만, 무얼 하든 끝까지 밀어붙이지 못했고, 늘 근심 어린 표정으로 자신감 없는 태도만 보여 주었다. 삼촌은 잊을 만하면 조카를 불러 욕설을 퍼붓고 대체 뭐 하는 놈이냐며 꾸짖었다. 자기 인생의 일대 비극은 전 재산을 너 같은 "약골이자 무능력자"에게 넘길 수밖에 없는 처지라고도 했다. 사건이 벌어지기 얼마 전 삼촌은 점심시간에 조카를 자신의 사무실로 불렀다. 삼촌은 자신의 책상에 식사를 가져다 놓도록 했다. 그가 식사를 하는 동안 조카는 책상 옆 바닥에 앉아 기다려야만 했다. "그래야 내가 큰 소리로 말하지 않아도 네가 들을 수 있잖아." 식사하다 말고 그는 반쯤 먹은 접시를 조카에게 건넸다. 그리고 선심이라도 베풀 듯 이렇게 말했다. "너도 좀 먹어야지!" 조카는 감히 저항할 엄두를 낼 수 없었다. "그때 엄청난 증오가 치밀어 오르는 걸 느꼈죠. 내가 비루먹은 개가 된 것 같았어요. 늙은이야 어차피 뒈질 거라는 생각으로 간신히 죽이고 싶은 걸 참았습니다."

증오에 사로잡힌 인간은 자신보다 약한 사람을 굴복시키는 것으로 자신의 자존감을 끌어올리려 든다. 아내를 때리는 남편, 장애인을 공격하는 청소년, 외국인을 겨눈 폭력이 그 대표적인 예이다. 처음에는 어떻게 풀어야 좋을지 모를 혼란스러운 공격성은 이처럼 공감 능력을 잃으면서 끊임없이 먹잇감을 찾는다. 이것이 나르시시즘에서 비롯되는 증오이다.

악성 나르시시즘에서 검은 형제들까지

학문의 세계가 "증오 인성"이라 부르는 얼룩진 성격을 살피면서 우리는 "악성 나르시시즘"이라는 개념과 만나게 된다. 해당 분야의 세계 최고의 전문가로 인정받는 오스트리아 출신의 정신의학자 오토 컨버그는 "악성 나르시시즘"을 나르시시즘, 사디즘, 반사회성 인성 장애와 편집증의 조합으로 묘사한다. 그리고 동료 학자들은 이 장애를 정신질환의 가장 위험한 형태라고 입을 모은다. 증오와 폭력은 바로 이 "악성 나르시시즘"을 원천으로 하기 때문이다. 악성 나르시시즘이라는 증상은 최근 관련 연구가 즐겨 쓰는 표현인 "검은 4형제"와 상당 부분 일치한다.

"검은 4형제"는 악성 나르시시즘을 심리학이 받아들여, 특히 명망 높은 인물의 심리 연구에 적용한 개념이다. "검은 4형제"의 뿌리는 캐나다의 심리학자 델로이 폴후스Delroy Paulhus와 케빈 윌리엄스Kevin Williams가 2002년에 다듬어 낸 "검은 3형제"로 거슬러 올라간다. "검은 3박자"라고도 하는 이 개념은 나르시시즘과 마키아벨리즘(권력을 위해서라면 법과 도덕도 무시하는 주의)과 잠재적인 사이코패스(아직은 병적이지는 않은 사이코패스)를 가리킨다.

요컨대 악성 나르시시즘은 극단적으로 주변 사람을 희생시킨다. 나르시시즘과 관련해서 당사자는 찬양 외에 권력도 욕망한다. 권력만 차지할 수 있다면 조작, 기회주의, 속임수, 거짓말 등 마키아벨리즘은 수단과 방법을 가리지 않는다. 사이코패스는 충동적 공격성, 어떤 결과가 나오든 두려워하지 않는 막무가내식 태도,

냉혹함을 특징으로 하는데, 이들 "검은 3형제"는 온갖 악행을 서슴지 않는다.

검은 3형제는 증오 형성의 결정적인 또 하나의 측면인 사디즘을 만나 4형제가 된다. 이렇게 네 가지가 서로 맞물려 최악의 증오인 파괴적 인성이 키워진다. 검은 4형제를 다시 한번 정리하고 넘어가자.

- 나르시시즘: 찬양과 권력을 추구함.
- 마키아벨리즘: 수단과 방법을 가리지 않는 조작.
- 사이코패스: 반사회성과 양심 없음.
- 사디즘: 남의 아픔을 즐거워함.

증오 인성이 실제로 존재하느냐는 물음에 대한 답은 정확히 '그렇다'이다. 증오는 불이익, 모멸감, 기만, 트라우마 때문에만 생겨나지 않는다. 증오는 성격의 한 부분일 수 있다. 다시 말해서 청소년기에서 노년에 이르기까지 증오를 보이는 사람이 있다. 발작적으로 나타나 사라지는 게 아니라, 높은 수준으로 지속되는 증오는 인성에 깊은 뿌리를 내린다. 말하자면 증오는 "자아 동질적egosyntonic"인 반면, 순전히 발작적인 증오는 낯설고 비정상적인, 다시 말해서 "자아 이질적egodystonic"이다.

증오 인성의 핵심은 자기혐오이다. 어떤 이유에서든 자신이 열등하다고 느끼는 사람은 격렬한 자기 부정을 거쳐 결국 자기혐오에 이른다. 이런 혐오는 죄책감을 불러일으키며 장기적으로 이 죄책감을 견딜 수 있는 사람은 없다. 그래서 자신을 겨눈 증오는 바깥으로 방향을 돌려야만 하는 것이다. 열등감과 이로 인한 괴로움으로 예민해진 사람은 거의 반사적으로 증오를 드러낸다. 증오가 인격 전체를 사로잡는 탓에 당사자는 증오를 드러내기 위해서라면 그 무엇도 주저하지 않는다. 증오는 그렇게 책임을 전가하고 파괴를 향해 치닫는다.

chapter 09

보이지 않는 투쟁
― 자아 최적화 시대의 자기혐오

Die dunkle Leidenschaft
Wie Hass entsteht und was er mit uns macht

> "우리가 어떤 사람을 증오한다는 것은
> 그 사람이라는 그림에서 우리 자신을 발견하기 때문이다."
>
> 헤르만 헤세 Hermann Hesse

다른 누구도 아닌 자기 자신을 증오하는 "자기혐오"는 최악이다. 자기혐오는 증오의 주체와 대상이 하나로 결합하여 퇴로를 봉쇄한다. 대개는 다른 사람에게 향했던 증오가 자신에게로 되돌아와 생겨난다. 증오 대상이 아무런 감정적 반응을 보이지 않거나, 아예 상대를 해 주지 않는 경우이다. 자기혐오에는 자존감의 붕괴, 괴로움, 트라우마, 불이익과 굴욕이 선행하고, 이를 막기 위해 원인 제공자를 파괴하고 제거하려는 공격이 일어난다. 즉 이 공격이 실패로 돌아가면, 증오의 화살이 자신을 겨누게 되는 것이다.

나는 실패했어! 나는 바닥이야! 내 잘못이야! 할 수 있는 것이 없어! 나는 무기력한 희생자야! 나는 처벌받아 마땅해!

자기혐오와 심리 장애

대다수 심리 장애는 자기 자신을 향한 증오로 해석되기도 한다. 열등감과 자존감에 대한 회의로 빚어지는 노이로제, 그리고 변태적인 성적 만족을 추구하는 마조히즘이 대표적이다. 여러 중독도 자아에 대한 뿌리 깊은 거부감이 원인으로 작용하기도 한다. '신경성 식욕부진증Anorexia nervosa', 소위 거식증은 필요한 영양분을 섭취하지 않아 건강과 생명을 위협하기도 하는 위험한 장애이다. 이런 장애에 시달리는 대다수 여성은 자신이 너무 뚱뚱하다며 자신의 몸매에 증오를 느낀다. '신체이형장애Body dysmorphic disorder'는 신체에 두드러진 결함이 없음에도 불만과 증오를 느끼는 심각한 질환이다. 또한 오늘날 젊은 여성의 1.6퍼센트가 경계선 인격장애에 시달리고 있다. 자신감 부족으로 자아를 혐오하는 인격장애는 자해가 그 주된 증상이다. 비극적인 경우, 자기 존재에 대한 거부와 혐오는 자살을 부르기도 한다.

다른 심리 장애와 마찬가지로 자기혐오의 중요한 원인은 유아기의 경험, 부모의 관심, 교육 등에 있다. 이 시기에 충분한 관심과 애정을 받지 못하거나 추행으로 상처를 받거나 트라우마로 괴로운 경험을 하게 되면, 자기 자신을 겨눈 혐오가 시작된다. 이는 곧 죄책감과 자아비판으로 이어지며, 영원히 실패하는 인생을 살 것 같은 두려움으로 자아를 향한 거부감이 확대된다. 청소년기에 경험하는 폭력이나 소셜미디어의 악의적인 댓글 역시 자기혐오를 유발할 수 있다. 위기에 몰리면 당사자는 자신이 잘못해서 이런 지경에 이르렀다는 생각을 좀체 떨치지 못한다. 유년기와 청소년 시절의 좋지 못한 경험은 흔히 우울증이라는 후유증으로 남기도 한다. 우울증 환자는 사소한 문제도 이겨 낼 수 없다고 낙담하며, 일상의 실수를 돌이킬 수 없는 커다란 잘못으로 받아들이면서 작은 회의를 더없이 괴로운 죄책감으로 키운다. 이런 감정은 스스로 처벌하려는 성향을 키우며 자기혐오 역시 커진다.

자기혐오의 뿌리는 감정적 결손과 연결되어 있다. 충분한 애정과 관심을 받지 못하거나 폭력의 피해자가 된 경험은 영혼에 깊은 상처를 안기고, 이 상처는 우울증을 키운다. 우리 시대의 중요한 정신분석학자 중 한 사람인 레옹 뷔름저는 자기혐오에 이르는 우울증을 인상 깊게 묘사한 바 있다. 그는 어려서 "오줌싸개"라는 놀림으로 상처받았던 환자의 이야기를 들려준다.

"이들의 공격성은 무자비한 분노와 경멸로 다른 누구도 아닌 자기 자신을 겨눈다. 이들의 양심은 냉철한 심판자이자 사형 집행인이다. 두 눈을 부릅뜬 사형 집행인은 죄인이 조금이라도 즐거워하는 꼴을 보지 못하며, 조롱과 경멸로 자존감을 철저히 짓밟는다. 자아는 말 그대로 악취를 풍기는 쓰레기 취급을 당한다. 자기 자신과 온 세상을 부끄러워하며 구역질을 일삼는 혐오는 무절제하고 닥치는 대로 공격한다. 발작적으로 분노를 터뜨리는 자기혐오는 자기 자신은 물론이고 다른 사람까지 희생시킨다."

몸매 상실을 보는 두려움 — 신체이형장애

신체이형장애Dysmorphophobie는 실질적 근거가 없음에도 자기 신체가 보기 싫어지는 것은 아닌지 두려워하는 심리 장애다. 고대 그리스어에 뿌리를 둔 '디스모르프dysmorph'는 '형태가 틀어지다'는 뜻으로, 이를테면 얼굴의 좌우대칭이 잘 맞지 않는다거나, 머리숱이 너무 적거나 짙다거나, 귀가 너무 크거나 작다거나 하는 등 신체 일부에 불만을 품는다. 여성은 얼굴 외에도 가슴과 다리를, 남성은 근육과 체모 또는 성기에 만족하지 못한다. 주로 얼굴과 머리에 집중되기는 하지만, 흉터나 여드름, 너무 크거나 비틀린 코, 삐뚤삐뚤한 치아 등 불만의 소재는 무궁무진하다. 근육 전체가 좀 이상하다거나 너무 적다고 속을 끓이는 남자의 경우에는 '아도니스 콤플렉스Adonis Complex', 곧 고대 그리스 신화에 등장하는 미남 아도니스에 빗대 외모로 인한 열등감을 이른다.

신체이형장애는 우울증과 함께 열등감을 유발해 사회적 고립을 낳으며 삶의 질을 떨어뜨린다. 대개 몸과 마음에 변혁이 일어나는 사춘기에 시작되어 당사자를 통제할 수 없는 지경에 빠뜨린다. 장애에 사로잡힌 사람은 몸의 불균형 탓에 다른 사람에게 거부당할까 두려워하며 사회생활에서 이탈한다. 어떻게든 외모를 바꾸고 싶다는 열망은 "스킨 피킹Skin Picking(피부 뜯기)", 곧 문제를 자기 손으로 뜯어고치려고 시도하게 만들기도 한다.

신체이형장애 환자는 이상하게 생긴 부분을 가리려 안간힘을 쓴다. 예를 들어 머리가 못생겼다고 생각하는 사람은 늘 모자를 쓰고 한사코 벗으려 하지 않는다. 다리 모양이 마음에 들지 않으면 긴 바지나 치마로 가리며, 지저분한 피부는 진한 화장으로 덧칠한다. 신체적 결점을 충분히 가릴 수 없는 사람은 아예 집에 틀어박힌다.

신체이형장애는 많은 경우 자신이 뚱뚱하다고 여긴 나머지, 거식증이나 폭식증 같은 식습관 장애로 연결된다. 심지어 너무 말랐음에도 자신이 비만이라고 여기는 사람조차 있다. 신체이형장애는 사회 공포증이라는 부작용을 일으켜 자살 충동을 부르기도 한다.

뒷머리가 뭔가 이상해

21세의 대학생이 약물로 자살을 시도한 끝에 응급실에 실려 왔다. 번듯한 부모를 둔 그는 심신이 고루 발달했으며, 학업 능력이 매우 뛰어난 학생이었고, 모든 기대에 어긋나지 않게 행동했다. 그러나 반드시 성공해야 한다는 부모의 기대에 압박감이 커지면서 그는 우울증 증세를 보이기 시작했다. 그리고 열심히 해야 한다는 동기가 갈수록 시들해지면서 수면장애를 비롯해 몸이 불편한 여러 증상을 보였다. 그러다 돌연 뒤통수가 좌우대칭이 잘 맞지 않는다는 것을 발견했다. 그는 거울로 머리를 요리조리 비추어 보며 그 '비정상'을 친구들과 비교했다. 머리가 기형이라는 사람의 경우도 일일이 찾아 확인했다. 친구들은 이상할 게 없다고 했지만 그는 안심하지 못했다. 뢴트겐 사진을 찍고 자기공명영상까지 촬영하는 등 신경과와 성형외과 상담을 받고 이상이 없다는 확인을 받았음에도 그는 불안을 떨치지 못했다. 이런 기형은 치료 방법이 없다는 확신에 내몰린 그는 더는 살고 싶지 않았다. 깨어난 뒤 그가 뱉은 첫마디는 이랬다. "정말 내가 싫어!"

젊은 청년이 신체이형장애를 키운 원인은 부모의 권위적인 교육과 과보호, 학업 성적만 강조한 탓이다. 과보호 속에서 성장하는 자녀는 자립성과 문제를 해결할 전략을 터득하지 못하고 늘 실패의 불안에 시달린다. 끊이지 않는 비판과 평가절하, 무시와 감정적 학대는 자아를 의심케 하고 자기애를 키우지 못하게 할 정도로 파괴적이다.

혹시 내 몸이 이상한가 하는 의구심은 신체이형장애가 자라나기에 유리한 조건을 만든다. 동년배 친구들의 비꼼이나 놀림 또는 집단적 따돌림, 인색한 인정과 긍정적 공감의 부족도 마찬가지다. 신체이형장애에 시달리는 사람은 외모에 지나치게 큰 가치를 부여한다. 어떻게든 외모가 더 낫게 보이려는 노력은 오히려 나는 왜 이렇게 못생겼을까 하는 좌절감을 키워 외부와 접촉을 끊고 외톨이가 되게 만든다. 신체이형장애는 치료받지 않으면 강박증으로 발전하며 다음 네 가지 특징을 보인다.

- **통제 강박**
- **치장 강박**
- **조작 강박**
- **회피 강박**

신체이형장애의 진단은 간단하지 않다. 당사자가 문제를 거론하는 것 자체를 꺼리기 때문이다. 게다가 흔히 우울증, 심신상관장애, 자존감 하락으로 신체이형장애가 가려지기도 한다. 신체이형장애를 앓는 사람은 초기에 주로 피부과 또는 성형외과의 의사를 찾아간다. 나중에 문제가 심각해져서야 비로소 심리 치료사와 정신과 의사를 찾는다. 상담 치료에서 증상의 뿌리를 찾아보면 드물지 않게 자기혐오, 그것도 매우 강력한 자기혐오가 원인으로 진단되곤 한다.

치료는 근저에 있는 장애들, 이를테면 열등감과 흔들리는 자존감에 초점을 맞춘다. 약물과 심리 상담, 특히 인지행동치료Cognitive Behavioral Therapy, CBT가 효과적이다. 신체이형장애는 만성적인 경우가 대부분이다. 처음에는 막연하게 자신이 못생겼다고 여기던 감정이 진짜 자기 몸에 결함이 있다는 확신으로, 심지어는 광기로 변모해 간다.

자해까지 이를 수 있는 자기혐오 — 경계선

경계선 장애는 "아직은 정상"과 "이미 정신질환" 사이의 경계borderline를 넘나들 뿐만 아니라, 타인을 향한 혐오와 자기혐오가 끊임없이 교차 반복된다. 대인관계에서 지나치게 예민하고 불안정한 자존감과 더불어 충동에 가까운 변덕을 보이는 것이 특징이다. 경계선 장애 환자는 혼자 있는 것을 견딜 수 없어 해서 관계가 깨지는 걸 막으려 안간힘을 쓰면서도 제3자를 끌어들여 상대를 불안하게 한다.

마른하늘에 날벼락처럼

"나는 그가 정말 좋았어요." 법원의 위촉을 받아 내가 진단한 30세 여성의 말이다. 그녀는 요양시설에서 한밤중에 몰래 간병인에게 접근해 휘발유를 뿌리고 불을 붙이는 범행을 저질러 격리 병동에 수용되었다. 무슨 싸움이 있었던 것은 아니다. 갈등도 없었다. 그녀는 치료에 만족한다고 말해 왔으며, 간병인이 사랑스러운 남자라고 입버릇처럼 말했다. 몇 년 동안 재활치료를 받으며 그녀가 많이 좋아졌다고 여긴 의료진은 그녀를 개방형 요양시설로 보냈다. 이곳에서 그녀는 더할 나위 없이 잘 적응했다. 입원하고 며칠 뒤 그녀는 한밤중에 깨어났다. 악몽을 꾼 것은 아니었다. 다만 속에서 강렬한 충동이 치밀었다고 한다. "지금 바로 해치워야만 해." 범행을 저지르고 큰 소리로 도움을 청한 사람은 다른 누구도 아닌 그녀였다. 체포당하면서도 도망치지 않았고 저항도 하지 않았다. 그녀는 곧 격리되었다. 상대가 누구든 가까이 있으면 계속해서 공격했기 때문이다. 예상할 수 없이, 번개처럼, 대단히 폭발적으로. 그런데 묘한 것은 곧장 다시 침착해졌고, 파리 한 마리도 잡을 수 없는 평범한 여인처럼 온순해졌다는 점이다. 오랜 세월 동안 그녀를 돌본 간병인과 의사 가운데 상해를 입지 않은 사람은 단 한 명도 없었다. 그녀를 진단하는 동안 여인은 친절했고 협력하려는 자세를 보이며 질문에도 상세하게 응답했다. 다만 공격성 충동에 관해 이야기할 때는 무서울 정도로 냉담했다. 상담을 마치며 그녀는 나에게 이렇게 말했다. "선생님도 정말 좋아요." 화들짝 놀란 나는 서둘러 그녀와 거리를 두었다.

경계선 장애를 앓는 사람은 의견과 목적과 가치관을, 무엇보다도 기분과 자화상을 순식간에 바꾼다. 스스로 자신을 거부하는 감정은 내면의 공허를 빚고, 이 공허는 많은 경우 더는 살고 싶지 않다는 좌절을 불러일으킬 정도까지 나아간다. 경계선 장애 환자는 분노를 조절하지 못하며, 냉소와 조롱과 잔혹함으로 물든 증오를 드러낸다. 흔히 이 증오는 자신을 겨눈 공격, 예를 들어 칼로 피부를 긋는 자해로 나타난다. 자해 행위를 자기 자신을 느끼고 내면의 공허를 밀어내고자 하는 희망의 표현으로 해석하기도 하지만, 그것은 강력한 자기혐오의 표현이기도 하다.

경계선 장애 환자는 많은 경우 정신병의 문턱을 넘는다. 단기적으로 현실감각을 완전히 잃어버려 환상과 현실의 경계가 무너지고 말기 때문이다.

사악한 혀

중년의 남성 환자가 정신병원의 특별 관찰 병동에서 감독이 소홀한 틈을 타 병동 주방으로 숨어들어 칼 한 자루를 훔친 뒤 이 칼로 자신의 혀를 잘랐다. 젊은 시절 매우 우수하게 학업을 마친 그는 이후 이상 심리를 보이면서 기묘한 행동을 하기 시작했다. 원인을 알 수 없이 모든 의욕을 잃은 그는 사람들과 교류를 피하고 집에 틀어박혀 지냈다. 그때부터 이상한 말을 중얼거리며 증상이 심해졌다. 보다 못한 친구들이 격렬한 저항에도 불구하고 그를 정신과 의사 앞에 데리고 왔다. 진단 결과, 그의 정신병은 이미 심각한 단계로 확인되었다. 전문의는 그가 환상과 망상, 특히 눈빛으로 상대방의 생각을 조종할 수 있다는 식의 대체 무슨 소리인지 알 수 없는 망상에 젖어 있음을 확인했다. 병원에 머무는 동안 그는 몇 번이고 자신이 무슨 말을 하는지 자가 통제가 되지 않는다고 하소연했다. 사실 그는 불쑥 이상한 이야기를 하곤 했는데, 나중에 그는 원래 속에만 담아 두려던 말이었다고 털어놓았다. "이게 정말 싫어요. 빌어먹을, 말도 안 되는 사악한 헛소리를 하는 혀가 정말 증오스럽습니다!" 이처럼 생각을 조정당하며 자신의 의지와는 상관없이 이상한 이야기를 늘어놓는 혀를 침묵하게 만들고자 그는 칼로 잘라 버린 것이다.

실패한 자아 최적화

오늘날 많은 사람, 특히 젊은이들은 소셜미디어에 매달린 나머지 "자아 최적화"라는 압력에 시달리고 있다. 어느 모로 보나 자신을 가장 좋은 모습으로 보여 주고 싶다는 희망과 강박은 딱 그만큼 자기 자신에게 품은 불만이 크다는 방증이기도 하다. 물론 외부의 압력이 크기는 하지만 자신감이 있다면 그런 압력은 간단히 이겨 낼 수 있다. 우리는 자아 최적화로 약점을 개선하고 잠재력을 끌어내 실력을 향상하며 인생을 자신의 뜻대로 풀어 나간다. 그러나 주변의 기대나 자신도 확신하지 못하는 어떤 기준에 자신을 맞추려 하기도 한다. 최적화된 자아를 찾아가는 일은 끊임없이 자신의 능력을 측정하고 다른 사람의 능력과 비교하기를 요구한다.

영원한 자아 측량

자아 최적화가 오늘날의 현상인 것만은 아니다. 그러나 어느덧 자아 최적화는 인생을 살아가는 핵심적인 동기가 되고 말았다. 자아 최적화의 방법은 여러 가지다. 신체 훈련과 심리 훈련, 능력 계발과 같은 방법도 있지만, 약물이나 시술 같은 극단적인 방법이 선택될 때도 있다. 미국의 저명한 심리학자 주디스 브라운 Judith Braun 은 이 모든 것을 포괄해 자아 최적화를 다음과 같이 정의했다.

"자아 최적화는 개선해야만 하는 행동을 주기적인 간격을 두고 측정해 발전인지 퇴보인지 평가하는 과정을 뜻한다. 그래야 평가에 상응하는 대책을 찾을 수 있다. 이 과정에서 주로 사용되는 보조수단은 '앱'과 '피트니스 트래커'와 '스마트워치'이다. 자아 최적화는 인생의 다양한 분야에서 일어난다. 최근에는 건강, 운동, 생산성, 효율성, 식생활, '힐링'에서 최적화가 활발하게 이루어지고 있다."

요컨대 자아 최적화는 인간이 자아를 개선해 나가는 꾸준한 과정이다. 대다수 트렌드 분석가들은 우리 시대를 "자아 최적화의 시대"라 부른다. 사회학에서도 최근 주목받고 있는 개념이다. 최고의 상태를 추구한다는 것은 피할 수 없이 경쟁, 그리고 나르시시즘과 맞물린다. 그 밖에도 지나친 자아 최적화 강박은 엄청난 스트레스를 유발한다. 지나치게 높게 설정된 목표는 좌절과, 대개의 경우 체념을 부른다. 실패로 돌아간 자아 최적화는 불안이나 두려움과 함께 인생의 회의를 불러일으킨다. 자신의 인격 자체가 문제시되고 거부당하는 탓에 자기애는 희미해지고 자아 혐오가 커지는 것이다.

히키코모리 현상

오로지 실력만 강조하고 요구하는 사회에서 개인의 치열한 경쟁은 결국 자기혐오라는 심각한 폐해를 낳는다. 오늘날 이를 선명하게 보여 주는 사례가 바로 '히키코모리ひきこもり 현상'이다. 일본에서는 갈수록 더 많은 젊은이, 특히 남성들이 사회와 철저하게 담을 쌓고 자기 방에 틀어박혀 외톨이로 지낸다. 소통은 오로지 인터넷을 통한 접촉일 뿐, 사회적 교류는 회피된다.

여기에는 다양한 동기와 심리 장애가 숨어 있다. 이를테면 지겨운 나머지 더는 아무것도 하지 않으려는 동기 상실, 그냥 모든 걸 내려놓고 싶다는 욕구, 꽉 막힌 소통, 실패의 두려움, 심리적인 압박, 탈진, 우울증, 중독 등 원인은 다양하기만 하다. 하지만 가장 분명한 원인은 능력만 중시하는 과도한 압력, 무자비한 실적 요구와 성과 중심의 직장, 이로 말미암아 위축된 개인의 초라한 삶이라 할 수 있다. 삶에 지친 사람이 사회의 모든 요구를 거부하고 마치 죽은 사람처럼 무기력해지는 것이다.

직장에서 실적을 올리지 못하는 실패를 치욕으로 여기며, 심리적 부담을 성격적 결함으로 여기는 사람들은 히키코모리를 경멸하고 조롱한다. 거부감은 고립을 심화하기에, 다시금 자신을 향한 증오가 키워진다. 가족, 회사, 사회 전체를 향한 증오가 자기혐오로 바뀌는 것이다. 히키코모리 문제는 두 단계를 거쳐 심화한다.

- **제1단계**

    한시라도 빨리 원하는 목표를 이루어야만 한다는 중압감은 오히려 거부와 탈진이라는 반대급부를 부른다. 원하든 원치 않든 당사자는 어찌할 수 없는 무력감에 사로잡힌다. 성공과 실력 향상의 기대가 외부에서 초래되었는지 자기 자신에게 비롯되었는지는 중요하지 않다.

- **제2단계**

    실패를 부끄럽게 여기고 불안한 심리를 일관되게 금기시하며 몰아내려는 분위기는 당사자의 증오와 자기혐오를 조장한다. 본래 교사나 고용주, 사회에 느꼈던 증오는 결국 자기 자신에게로 향한다. 히키코모리를 수치스럽게 여기는 사회에서 자살자가 폭증하는 것은 놀라운 일이 아니다.

자기 자신을 겨눈 극한의 공격성 — 자살

자살은 자기 거부가 극단에 이른 형태로, 자기혐오의 가장 비극적인 결말이다. 자살을 다룬 이론 가운데 가장 잘 알려진 것은 실망에 따른 좌절감이 자신을 향한 공격성으로 나타난다는 주장이다. 오스트리아의 유명한 자살 연구가 어윈 링겔Erwin Ringel(1921~1994)은 제2차 세계대전이 끝난 직후 거의 1천 명에 이르는 자살 생존자를 대상으로 연구해, "자살 예후 증상"이라는 결과를 선보였다. 자살을 앞둔 사람이 보이는 이 복잡한 심리는 대개 외적 고립과 내적 고립, 죽고 싶다는 생각과 환상으로 나타나 결국 자기 자신을 공격한다. 자기 자신을 향한 이런 파괴적 태도는 누구나 가진 긍정적인 공격성, 곧 자신이 옳다고 생각하는 일을 지키려는 공격성이 억눌리거나, 외부 요인으로 거부당할 때 나타난다. 절망하고 고립된 나머지 사회라는 네트워크에서 가장 취약한 고리, 곧 자기 자신을 파괴하는 목표 외에 다른 선택지를 찾지 못한 것이다.

자기 공격성은 자신에게 느끼는 깊은 거부감, 곧 자기혐오의 표현이다. 자살자의 행동은 자기 자신에게 복수를 한다는 성격을 띠기도 한다. 약하고 못난 자신에게 스스로 내리는 처벌이 곧 자살인 것이다.

chapter 10

여성과 남성
— 어쩌다 이토록 끔찍한 사이가 되었을까?

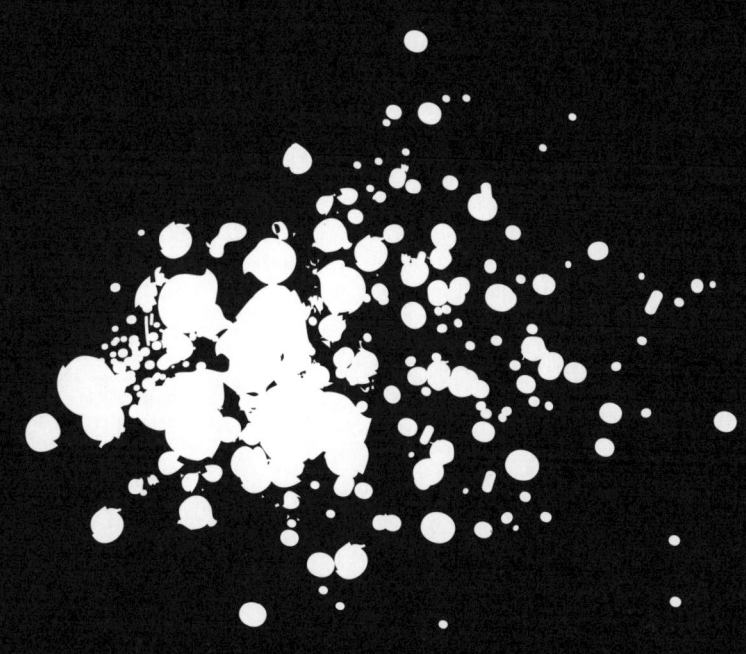

Die dunkle Leidenschaft
Wie Hass entsteht und was er mit uns macht

"나는 네가 미워. 나는 너를 증오해.
오, 나는 너를 사랑해."

커트 코베인Kurt Cobain

옥스퍼드 사전은 애증을 "증오와 사랑 사이의 부조화나 불일치로 그때그때 바뀌는 강력한 감정"이라고 정의한다. 학문적인 분위기를 덜어 낸다면 애증은 끌림과 밀어냄 사이를 오가는 감정이라 할 수 있을 것이다. 사람들은 흔히 감정적 상처, 믿음의 악용, 기만과 괴롭힘을 애증에 덧붙여 이해하기도 한다. 심층 심리학은 애증의 원인을 실연과 실망의 두려움에서 찾는다. 오스트리아의 동물 행동학자 콘라트 로렌츠Konrad Lorenz(1903~1989)는 1970년대 초에 증오를 "위대한 사랑의 작고 추한 동생"이라고 표현하며, 두 감정 사이의 맥락을 이렇게 풀이했다.

"흔히 보는 공격성과는 달리 개인을 겨눈 증오는 사랑과 똑같이 군다. 아마도 증오는 사랑을 그 전제조건으로 갖는 모양이다. 분명 사랑의 감정이 남아 있어야 본격적인 증오가 고개를 들며, 특히 애써 사랑을 부정하고 싶을 때 그러하다."

여행에서 만난 행복과 칼부림

"남자는 자살하려던 게 아니었습니다. 여자도 마찬가지고요. … 그런 부상은 스스로 입힐 수 없습니다. … 치명적인 자상은 서로 공격해서 생긴 겁니다." 법의학자가 말했다. "이런 경우는 전혀 본 적이 없어요. 아무래도 엄청난 증오가 원인인 게 분명합니다." 그의 표정은 뜨악하기만 했다. 그리고 좌중을 돌아보았다. "혹시 … 애증." 이웃이 경찰에 전화해 부부싸움이 격렬하게 벌어지고 있다고 신고했다. 고함을 지르고 살려 달라 외치며 울고불고 때리고 짓밟는 소리에 정신을 차릴 수가 없었다고 했다. 여자가 피범벅이 되어 잠깐 집에서 뛰쳐나왔지만, 이내 다시 남자에게 끌려 들어갔다. 문이 세차게 닫혔고 안에서 잠그는 소리가 났다고 했다. 과거에도 부부는 비슷하게 싸우기는 했지만, 이처럼 심하지는 않았다고도 했다.

이 부부의 사연은 병원 진료기록과 몇몇 가까운 지인의 증언으로 재구성해 볼 수 있었다. 부부는 여행에서 서로 알게 되었다. 두 사람은 첫눈에 반했으며, 순식간에 사랑의 불꽃이 타올랐다. 그러나 이 특별한 행복은 오래가지 않았다. 툭하면 다투었고 분노가 폭발했으며 비난이 끊이지 않았다. 급기야 때리고 맞고 눈물이 흘렀다. 몇 번이고 갈라섰다가 그때마다 앞으로는 잘하겠다고 서로에게 충실하겠다고 약속하고 각서도 쓰고 온갖 화해의 시도가 잇따랐다. 아내는 심리 상담을 받으러 와서 남편의 나르시시즘이, 그의 남성성이 너무 독하다며 불평을 늘어놓았지만, 상담 결과, 그녀 자신이 경계선 장애를 앓고 있는 것이 확인되었다. 이 부부의 심리 상태는 복잡했다. 남자는 이기적이고 충동적이며 최악의 나르시시스트였다. 변덕이 죽 끓듯 했으며 걸핏하면 모욕당했다고 펄펄 뛰었다. 여자는 이해심이라고는 없었으며, 비하와 냉소를 입에 달고 살았고, 남자와 마찬가지로 기분이 시시때때로 바뀌었다. 술도 너무 자주 마셨다. 마지막 싸움의 발단은 누가 더 사랑하고 어느 쪽이 사랑에 소홀한지, 누구의 실망과 아픔이 더 큰지, 누가 관계에서 주도권을 쥐며 누가 굴복해야 하는지, 누가 더 미움을 받으며 누구의 증오가 더 강한지 따지는 일이었다. 감정 다툼이 이윽고 폭력으로 번졌고 서로의 심장에 마지막 일격을 가했다.

애증은 그 자체로 모순이 아닐까? 피상적으로 본다면 애증은 모순이다. 사랑은 애정과 관심의 가장 밀도 높은 표현이지만, 증오는 가장 강력한 거부와 혐오이기 때문이다. 그런데 어떻게 대립된 두 감정이 서로 포개질 수 있을까. 두 감정의 공통점은 열정이라는 밀도 높은 감정이라는 사실이다. 실망과 환멸을 견딜 수 없는 인간은 증오라는 더 강렬한 열정으로 감정을 발산하려 한다. 반대로 애증에 사랑이 남는 이유는 여러 가지다.

애증 — 상반된 감정의 공존

애증은 몹시 흥미로운 개념이자 독특하면서도 모순적인 감정이다. 완전히 상반된 두 느낌이 하나의 단어로 응집된 경우는 애증 외에 찾기 어렵다. 그러나 애증이라는 모순된 감정은 누구나 안다고 생각할 정도로 친숙하다.

그 친숙함에도 불구하고, 애증은 개념으로 파악하기 힘들다. 기괴하다는 느낌마저 불러일으킨다. 애증이라는 현상은 두려워하면서도 즐거워하는 것처럼 긴장감을 유발한다. 우리가 소름 끼치도록 무서운 이야기, 공포 영화 또는 재난 보도를 접할 때, 한편으로는 두려우면서도 또 다른 한편으로는 짜릿한 이유 역시 애증이라는 감정이 설명해 줄 수 있다. 담력 시험, 노름, 익스트림 스포츠에 빠지는 사람은 이런 짜릿함을 맛보고자 상반된 감정의 줄타기를 즐긴다. 반면 섹스 연구가들은 아픔을 안기고 괴로워하는 모습을 즐기는 사도마조히즘Sadomasochism(가피학증)은 쌍방의 높은 신뢰를 바탕으로 삼는다고 입을 모은다. 사도마조히즘은 두려우면서도 전율을 느끼고자 하는 심리이다. 즉 향락은 두려움과 스트레스 상태에서 발산되는 엔도르핀이 일으키는 흥분을 즐기려는 자세인 것이다.

아마도 애증 관계는 애정 관계의 가장 밀도 높은 형태가 아닐까 싶다. 애증은 즐거움과 스트레스의 호르몬이 아주 왕성하게 분비되도록 만들기 때문이다. 어쨌거나 확실한 점은, 애증은 언제나 격한 감정의 놀이터라는 사실이다. 애증에 사로잡힌 인간은 이 격렬한 감정을 어떻게 해소해야 할지, 어떻게 감정적 균형을 잡아야 할지 혼란에 빠진다. 그리고 애증은 곧 상처를 동반한다.

증오인가, 사랑인가?

애증을 심층적으로 분석하고자 한다면, 피할 수 없이 맞닥뜨려야만 하는 물음이 있다. 바로 "사랑과 증오가 어떻게 맞물리는가?"라는 질문이다. 애증에서 사랑과 증오는 나란히 나타나는 감정일까, 아니면 사랑과 증오가 교차해 나타날까? 교차해 등장하는 것이 맞다면, 처음에는 무엇이 있었을까? 사랑일까, 증오일까? 다시 말해서 애증은 사랑이 증오로 변한 것일까, 아니면 거꾸로 증오가 사랑으로 변한 것일까? 가장 추악한 감정이 가장 고결한 감정에 앞설까? 증오는 응답받지 못한 사랑 또는 유보된 사랑에 대한 반사적 반응일까?

좀 더 자세히 들여다보면 애증은 대립하는 감정을 동시에 느끼는 양면적 감정에만 그치지 않는다. 애증은 정반대의 상황이 교차하여 이어지는 것이기도 하다. 증오와 사랑은 동시에 존재할 수 없는 감정이지만, 매우 빠른 속도로 하나가 다른 것으로 바뀔 수 있다. 먼저 나타나는 것은 언제나 사랑이다. 그랬다가 사랑이 응답받지 못했을 때, 거부당해 아픔을 곱씹을 때, 또는 사랑하는 상대가 다른 사람에게 더 큰 관심을 쏟을 때, 증오가 고개를 든다. 토마스 아퀴나스Thomas Aquinas(1225~1274)는 이렇게 말했다.

"사랑은 필연적으로 증오보다 앞선다. 상대가 나의 사랑에 부합하지 않는 모습을 보이지 않는 한, 필연적으로 증오의 대상이 되는 일은 없다. 이렇게 볼 때 증오를 부르는 결정적 원인은 사랑이다."

덴마크의 철학자이자 신학자 쇠렌 키르케고르도 "증오는 실패한 사랑이다"라며 비슷한 견해를 보였다. 철학자 아우렐 콜나이는 가깝고도 먼 애증을 다룬 글에서 증오를 "최상급의 거리 두기"로 묘사한다. 증오에 사로잡힌 사람은 예전의 사랑과 최대한 거리를 둔다는 뜻이다. 사랑이 내가 아닌 타인을 비판 없이 긍정하는 반면, 증오는 "광적인 비판의 부정"이다. 지그문트 프로이트는 애증의 또 다른 측면, 치료의 중요한 측면을 보충해 준다. 프로이트는 자신의 저작 『강박 노이로제, 본능적 인생과 강박과 의심으로부터의 유추Bemerkungen über einen Fall von Zwangsneurose, das Triebleben und die Ableitung von Zwang und Zweifel』(1909)에서 이렇게 밝혔다.

"우리는 황홀하게 시작한 사랑이 증오로 끝나는 경우가 많다는 것을 안다. 채워지지 못한 사랑은 쉽사리 증오로 변한다."

에리히 프롬의 생각은 달랐다. 오로지 사랑한 사람만이 증오한다는 주장은 말이 되지 않는다고 꼬집었다. 애증은 사랑이 증오로 둔갑한 게 아니라, 오히려 "자신이 누군가를 사랑한다고 믿은 나르시시즘이 받은 상처, 다시 말해서 '사랑이라고 볼 수 없는 감정'이 증오를 일으킨다"고 진단한다. 억압받는 사람이 억압하는 사람을, 죽은 자식의 어머니가 살인자를, 고문당한 피해자가 고문한 사람을 사랑했었다는 것은 말이 되지 않는 이야기라는 것이다.

어쨌거나 이런 사례들에서 보듯, 흉악범을 증오하는 이유가 그를 여전히 사랑하기 때문이라는 주장은 어불성설이다. 프롬은 증오가 유아기인 '구순기'에 생겨나기 때문에 발달심리학의 측면에서 사랑보다 더 오래된 감정이라는 심층 심리학의 견해와 보조를 맞춘다.

증오가 사랑에 앞서는 경우, 철학과 정신분석학의 분석을 종합하자면, 애증은 아직 알아차리지 못한 사랑, 억압되거나 절대 안 된다고 강요된 사랑 때문에 빚어진다고밖에 달리 설명할 길이 없다.

독일 철학자 아른트 폴만Arnd Pollmann은 사랑과 증오가 맞물리는 경우를 다음 세 가지로 정리했다.

- **배제 이론**
  증오는 사랑의 정반대이다. 증오는 사랑이 끝나는 곳에서 시작된다. 증오하는 사람은 더는 사랑하지 않는다.
- **포섭 이론**
  증오는 사랑이라는 수프에 맛을 내는 소금이다. 사랑이 잠들지 않도록 자극을 주는 열정이 증오이다.
- **상대적 독립성 이론**
  증오는 사랑과 얼마든지 함께 어울릴 수 있다. 물론 반드시 어울려야만 하는 것은 아니다. 증오하며 사랑하는 사람도, 증오 없이 사랑만 하는 사람도 얼마든지 존재한다.

폴만은 사랑하는 관계에서 증오가 생겨나는 주요 계기를 정직하지 않음, 무시, 사랑의 상실, 이 세 가지로 꼽는다. 어느 한쪽이 관계에 충실하지 않고, 상대에게 끊임없이 무리한 요구를 하며, 늘 자기중심으로 결정하고 행동한다면, 상대는 증오를 품게 된다. 상대를 깔보는 태도는 불쾌함이나 굴욕과 함께 화와 증오를 부른다. 이런 부정적 감정이 형성되는 데에는 언제나 사랑의 결여와 상실에 대한 두려움이 깔려 있다. 그리고 상대방이 자신을 더는 갈망하지 않는다는 걱정, 긍정적 공감을 나누려 하지 않는다는 배신감은 곧장 증오로 돌변한다.

의존적 태도로 생겨나는 애증

애증은 사라지거나 줄어드는 관심과 공감뿐만 아니라, 의존하려는 감정이나 관계에서 피할 수 없는 권력 싸움 때문에 발생하기도 한다. 상대에게 의존하려는 자세, 자신의 무기력함 탓에 매달리는 의존적 태도는 자유의 상실을 초래한다. 자율권을 잃으며 전전긍긍하는 동안 당사자는 이런 상황을 빚어낸 책임을 온전히 상대방에게 떠넘기고 그를 상대로 싸워야만 한다는 각오를 다진다. 특히 두 사람 사이의 감정적 결속이 강할수록 대결은 더 치열해진다. 사랑의 깊이가 깊을수록 그만큼 더 반작용이 심해지는 격이다.

이 반작용 중 가장 흔한 형태가 다른 모든 감정을 압도하는 증오이다. 상대가 관계에 소홀할수록 증오는 힘을 더 키운다. 관계에 소홀하다는 것은 긍정적 공감, 관심, 애정이 줄어드는 상황을 뜻하기 때문이다. 증오에 긍정적으로 반응하는 사람은 없으므로, 상대의 반응은 갈수록 사랑과 더 멀어진다. 이로써 애증의 악순환은 본격적인 궤도에 오른다.

해로운 남성성

최근 남성의 전형적인 증오 행동을 두고 "해로운 남성성" "독한 남성성" "독성에 물든 남성성"이라는 표현이 즐겨 쓰인다. 2018년 미국에서 발간되는 페미니즘 잡지 《미시 매거진Missy Magazine》이 보도한 '미투(#MeToo)' 논란의 과정을 다룬 기사는 이런 표현을 페미니즘이 만들어 낸 개념이라고 하면서 전형적인 남성성과 이에 따른 행동을 다음과 같이 정리했다.

- 남자는 약한 모습을 보여서는 안 된다.
- 남자가 보일 수 있는 감정은 오로지 분노와 공격성이다.
- 남자는 갈등을 협력이나 소통이 아니라 힘으로 해결한다.
- 남자에게 타인은 경쟁과 폄하와 지배의 대상일 뿐이다.
- 남자는 가부장의 권위를 뽐내기 위해 담력 시험, 술 마시기 시합, 힘자랑 같은 남성성의 과시 및 위계질서 따지기로 소일한다.

2019년 7월 스위스에서 범죄 통계를 다룬 흥미로운 논문이 발표되었다. 사회학자 디르크 바이어Dirk Baier와 다른 학자들이 함께 쓴 이 논문은 파괴적 지배와 폭력을 즐기는 남성성이야말로 "독성에 물든 남성성"이라고 묘사했다. 이런 남성성은 "자신이 남자임을 뽐내기 위한 수단으로 공격성을 활용하며, 여성은 하대당해 마땅하다고 주장한다." 사실 "독성에 물든 남성성"이라는 개념은 1980년대에 이미 등장했다. 폭력과 지배, 공격성, 여성 혐오(여성 경시와 적대시), 동성애 공포증Homophobia(동성애자 적대시)을 연상케 하는 해로운 남성성이라는 왜곡된 태도가 빚어지는 것은 원만하지 못하거나 부재한 부자 관계 때문이다.

정말 해로운 남성성, 여성에게 치명적 위해를 가하는 남성성은 새롭게 나타난 현상은 아니다. 이런 남성성은 아직도 많은 문화권에서 극복되지 못한 잔혹한 가부장 중심의 구태일 따름이다.

아내의 목을 베다

2022년 2월 7일 이란의 통신사 ISNA는 잔혹한 살인사건이 전국을 경악에 빠뜨렸다고 보도했다. 이란 남서부의 도시 아바즈에서 한 남자가 자신의 17세 아내의 목을 잘랐다. 범행 직후 그는 그녀의 머리를 손에 들고 자부심 넘치는 얼굴로 거리를 활보했다. 이 장면을 찍은 사진과 동영상은 소셜미디어에서도 찾아볼 수 있다. 이란의 검찰은 남자와 그 동생이 체포되었으며, 곧 법정에 세울 것이라고 발표했다. 남편과 그 동생을 살인죄와 "명예살인" 가운데 어느 죄로 기소할지 묻는 기자들의 물음에 검찰은 명확한 답을 하지 않으면서, 범행의 진짜 원인은 인터넷과 소셜미디어가 제공했다고 주장했다. 이란은 살인죄를 보통 사형으로 처벌하지만, 가문의 명예를 지킨다는 명분으로 가족 구성원을 살해했다면 다른 법을 적용하는데, 명예살인은 종교적으로든 사회적으로든 정당하다고 인정받는다.

해로운 남성성이라는 개념의 핵심은 다름 아니라 남성의 나르시시즘, 악함에 물든 나르시시즘이다. 남성의 나르시시즘은 여성의 그것보다 지배욕이 더 강하며, 훨씬 더 폭력적이고 공격적이다. 해로운 남성성이라는 말이 풍기는 분위기 그대로 이 나르시시즘은 대개 자기중심적인 섹스 욕구와 파괴적인 공격성, 곧 증오와 연결된다.

늘어나는 여성 살해

'페미사이드Femicide'는 성별이 다르다는 이유로 여자와 소녀를 상대로 저질러지는 살인을 뜻한다. 페미사이드가 매우 빈번하게 일어나는 남아메리카에서 이 범행은 "사적으로든 공적으로든 여자와 소녀를 살해했음에도 용인"된다. 이 개념은 부부 사이에서 저질러지는 살인, 명예를 빌미 삼은 살인, 무장 갈등이나 전쟁을 방불케 하는 조직 폭력, 이를테면 마약과 인신매매를 자행하는 조직 폭력에서 여성을 목표로 삼아 살해하는 행위 등을 가리킨다.

여성이 저지르는 페미사이드도 드물지 않다. 유럽에서 페미사이드라는 개념은 여성 살해 범죄가 늘어나는 것이 통계상으로 확인되면서 매우 자주 쓰인다. 하지만 여성 살해 범죄는 그 자체만으로 볼 때 계획적으로 의도된 범죄라기보다 충동적으로 저질러지는 경우가 많다. 2차 세계대전이 끝나고 한동안 여성은 주로 성범죄에 희생되어 살해당한 반면, 그 이후에는 이른바 '치정 범죄'가 주를 이루었다. 이 범죄는 감정이 극에 달한 상황에 일어나는데, 범인은 통제 불능 상태에 빠져 "화로 눈이 먼 지경"에서 여자를 살해한다. 범인이 "맹목적"으로 행동하는 이런 범죄는 전형적인 증오 분출 사례이다. 말하자면 상처받은 나르시시즘의 마지막 한 방울이 술통을 넘치게 만드는 셈이다. 범행 직후 정신이 들면서 범인은 충격에 할 말을 잃고 저항도 하지 못하고 범행을 후회한다.

반대로 최근에 일어나는 여성 살해는 복수로 자행되는 경우가 잦다. 헤어지자는 요구에 실망하고 좌절한 남자는 잠복해 있다가 여성을 공격해 세상에 과시하듯 처형한다. 범인은 대개 범행이 자신의 소행임을 인정하면서도, 일이 이렇게 된 탓은 어디까지나 여성에게 있다고 강변하면서 자신은 올바른 일을 했다고 자부한다. 언제나 이런 사건은 권력관계의 회복을 목표로 한다. 심층 심리학은 사랑의 결핍과 상실을 두려워하는 심리를 그 원인으로 지목한다. 범인은 두려움을 치명적인 증오로 상쇄하려 드는 것이다. 미디어의 페미사이드 토론은 여성 살인의 특징으로 폭력적인 남성성을 지목하지만, 범인들을 진단한 결과는 전혀 다른 이야기를 들려준다. 해로운 남성성과 마초라는 특징은 범인의 대략 20퍼센트 정도에서만 발견될 뿐이다. 오히려 대다수 범인은 겉으로 볼 때

평범한 시민이다.

그녀의 잘못이야!

"나는 지옥을 헤맸어요. 더는 증오를 견딜 수가 없었어요." 남성의 폭력에 희생된 여성의 말이 아니다. 이는 범인의 고백이다. 그는 직장 앞에서 전처를 기다리다가 퇴근하고 나오는 그녀를 곧바로 덮쳐 열다섯 번 칼로 찔렀다. 여자는 그 자리에서 사망했다. 남자는 피 묻은 칼을 던져 버리고 꼼짝도 하지 않았다. 그는 체념한 사람처럼 넋을 놓고 경찰을 기다렸다.

그는 이 비극이 벌어진 잘못은 여자 책임이 더 크다고 말했다. 전처는 그에게 못되게 굴었으며, 갈라서자고 보채다가 결국은 떠나 버렸다고 했다. 지난 몇 년 동안 그녀는 완전히 다른 사람이 되었다고도 했다. 그녀는 그와 말을 섞는 일이 없었으며, 앞으로 어떻게 할지, 무슨 계획을 하고 있는지 전혀 이야기하지 않았고, 묻는 말에 대답 한 번 하지 않았다고 했다. 그는 전처에게 우리 옛날에는 정말 좋지 않았냐고, 대체 자신이 뭘 잘못해서 이러느냐고 틈만 나면 물었으며, 다시 좋았던 예전으로 돌아가자고 매달렸다고 한다. "얼음보다도 더 쌀쌀맞기만 하더군요."

그는 그녀의 뒤를 캤다고 인정했다. 혹시 만나는 다른 남자가 있는지 전혀 확인되지 않았음에도 그는 그녀가 불륜을 저지르고 있다고 확신했다. 마침내 그녀의 채팅 기록을 훔쳐보는 데 성공한 그는 만나는 다른 남자의 존재를 확인했다. 그는 여자의 이성에 호소하며 때로는 매달리고 때로는 위협하면서 몇 차례 위해를 가했다고 했다. 어떤 위해냐는 물음에 그는 한 차례 따귀를 때리고, 또 한 번은 주먹으로 얼굴을 가격했다고 했다.

그녀는 남자에게 사랑이라고는 눈곱만큼도 찾아볼 수 없으며, 가족을 돌볼 생각은 조금도 하지 않고 오로지 직업과 취미로 하는 스포츠와 친구만 신경 쓴다고 비난했다고 한다. 두 차례 정도 다시 돌아오겠다는 암시를 흘렸지만, 그때마다 말뿐이었다고도 했다. "돌아오겠지 하는 희망과 불안과 실망 사이에 빚어지는 긴장을 더는 견딜 수가 없더군요. 그때 참을 수 없는 증오가 치솟았죠."

결국 여자는 여섯 살과 여덟 살 두 아이를 데리고 집을 나갔고 찾아오지 못하게 막았으며 이혼 서류를 보냈다. 여자는 백 번도 넘게 전화해도 받지 않았고 무수한 문자메시지에도 응답하지 않았다. 그는 그녀의 부모를 찾아가 하소연하고, 같이 아는 친구를 통해 말을 전해 보았지만 결실은 없었다. 그때 그는 이런 치욕을 견디느니 차라리 자살을 택하겠다고 생각했으나, 이내 마음을 고쳐먹었다. "그년이 죽어야 해."

이 사례를 살펴본 이유는 가해자와 피해자의 입장을 바꿔 생각해 보기 위함이 전혀 아니다. 증오로 얼룩진 범행이 왜 일어나는지 그 심리적 배경을 이해하고자 범인이 어떤 감정을 느끼고 체험했는지 묘사하고 싶었을 뿐이다. 그의 심리를 이해한다고 해도 그의 죄는 용서될 수 없다. 페미사이드는 희생자를 보호하는 방법을 개선하는 데 그치지 않고, 증오의 뿌리를 정확히 살펴야만 줄일 수 있을 것이다.

인셀 — 비자발적 독신의 증오

"인셀 운동"은 이성 관계의 어려움 때문에 생겨나는 증오가 폭력으로 번질 수 있다는 점을 여실히 확인해 준다. "인셀"은 "비자발적 독신주의자Incel, Involuntary celibate"의 준말이다. 말 그대로 "이성을 간절히 원함에도 독신으로 사는 사람" 또는 "비자발적인 금욕주의자"를 뜻한다. 역설적이게도 이 단어는 여성이 만들어 낸 작품이다. 1990년대에 캐나다의 한 여대생은 "섹스를 전혀 해 본 적이 없는 모든 사람을 위한 운동"의 필요성을 역설했다. 그 자신도 같은 문제로 고민하던 이 학생은 온라인 동호회를 만들어 다른 비자발적 독신과 교류를 나누었다. 이 사이트는 엄청난 관심을 끌었음에도 여성을 혐오하는 댓글이 넘쳐나는 통에 폐쇄될 수밖에 없었다. 하지만 그럼에도 인셀 운동은 멈출 수 없었다.

원하는 섹스를 누리지 못하는 인셀은 그 일차적인 원인 제공자가 여성이라고 불만을 품는다. 다름이 아니라 남자들이 아름다움의 이상으로 여기는 여성이 온정을 베풀지 않은 것이 잘못이다. 그러므로 여성은 증오의 제물이 되어야 마땅하다. 네가 베풀지 않아 내가 성생활을 할 수 없다는 논리다. 특정 남성 역시 증오의 대상이 된다. 이른바 "채드Chad", 곧 여성이 베푸는 은총을 마음껏 누리는 널찍한 어깨의 상류층 남자다. 인셀은 채드가 되지 못한 게 천추의 한일 따름이다. 건방지게 은총을 베풀지 않는 여인은 매력적인 그룹 "스테이시Stacy"와 평범한 외모의 "베키Becky"로 분류된다. 가장 큰 증오의 대상인 "페미 나치스" 또는 "페모이드Femoid(생체로봇 휴머노이드Humanoid의 여성형)"를 인셀은 "평생 괴롭힘을 받아야 마땅한 존재, 또는 평생 무시되어야 하는 휴머노이드 조직체"라고 주장한다.

인셀은 자신이 따돌림과 함께 불이익에 시달리고 있다고 여기지만, 진짜 속내는 자신이 사랑받지 못한다는 불만이다. 이들은 스스로 패자임을 자인하면서 열등감과 함께 자신이 왜 존재해야 하는지 회의에 사로잡혀 산다. 이들의 감정 세계는 자기 연민에 지배당한다. 모든 긍정적인 것을 거부하는 허무주의적 태도의 이면에는 자신도 존중과 함께 사랑받고 싶다는 갈망이 숨어 있다. 이 끊임없는 좌절이 타인을 깔보고 공격하는 증오의 뿌리이다. 이 증오는 곧 자신은 본래 대단한 남자라는 망상과 섹스 판타지로 자라난다.

아직도 여전히 "동정"

2014년 5월 23일 당시 22세의 엘리엇 로저Elliot Rodger는 캘리포니아 대학교 캠퍼스에서 총기를 난사해 여섯 명을 죽이고 열세 명에게 상해를 입혔다. 묻지 마 살인을 저지른 엘리엇 로저는 결국 총으로 자기 머리를 쏘아 자살했다. 사망자 세 명 가운데 두 명은 같은 집에 살던 대학생이었고, 다른 한 명은 우연히 그

집에서 하룻밤 묵은 방문객이었다. 곧이어 엘리엇 로저는 샌타바버라의 여대생 클럽하우스로 가서 입장을 거부당하자 보도에서 세 명의 여대생을 쏘았으며, 도로에서 여자 한 명과 남자 한 명에게 상해를 입혔다. 그런 다음 식품점에 들어가 또 한 명의 남자 대학생을 죽였다. 이후 차를 타고 여러 명의 보행자에게 부상을 입히고 행인을 향해 무차별 총격을 가하고 난 뒤, 경찰과 총격전을 벌였다. 자동차로 도피한 그는 마침내 총으로 자신을 쏘았다.

엘리엇 로저는 이미 여덟 살 때부터 자폐증을 앓았으며 사회 불안장애에 시달려 정신과 치료를 받아 왔다. 학교에서 항상 놀림을 받아 몇 차례나 전학을 다녔다. 2012년 2월 대학을 중도에 그만둔 그는 사회적으로 더 고립되었다. 게다가 몇 차례 폭력을 휘둘렀다. 그의 어머니는 아들이 인터넷에 올린 동영상을 발견하고 아들의 치료를 맡았던 정신과 전문의에게 조언을 구했다. 의사는 곧바로 정신건강 문제를 전담하는 관청에 엘리엇의 사례를 알렸고 관청은 당사자의 상태를 직접 확인했다. 상담에서 엘리엇은 동년배와 지내는 데 문제가 있다는 속내를 내비치기는 했지만, 대체적으로 차분하다는 인상을 준 덕에 정신병원에 강제 수용되는 것은 피할 수 있었다.

어느 파티에서 무시당해 모욕을 느낀 그는 "묻지 마 살인"을 저지르기로 결심했다. 다른 파티에서는 심지어 얻어맞기까지 했다. 이 사건으로 엘리엇은 더욱 심각하게 좌절했으며 모든 의욕을 잃고 통한의 증오를 새겼다. 마지막 유튜브 영상에서 그는 묻지 마 살인을 결심한 동기를 이렇게 설명한다.

"내일은 보복의 날이다. 내일 나는 인류에게, 너희 모두에게 복수하리라. 지난 8년 동안 나는 거부와 채워지지 않는 소망으로 괴로운 나날을, 사춘기보다 더욱 고독한 나날을 보내야만 했다. 계집애들은 감정적으로 나에게 한사코 거리를 두었다. 계집애들은 관심과 애정과 섹스를 다른 남자에게 줄 뿐, 나에게는 절대 베풀지 않는다. 나는 22살인데, 아직도 여전히 동정이다. 나는 여자와 키스 한번 해 보지 못했다. 대학을 2년 반 넘게 다녔음에도 여전히 동정이다. 정말 고통스러웠다. 대학 시절은 누구나 섹스와 환락과 같은 것을 즐기는 시절이지 않은가. 나는 이 시기 동안 고독만 곱씹었다. 이건 공정하지 않다. 너희 계집애들은 나에게 눈길조차 주지 않았다. 나는 왜 너희가 그처럼 쌀쌀맞게 구는지 이유를 모르겠다. 그래서 나는 너희 모두를 처벌하기로 했다."

인셀의 주장, 또 인셀이 선동하는 해결책, 곧 잘못된 세상을 상대로 복수하겠다는 해결책에 끌리는 젊은 남자는 의외로 많다. 공개적으로 자신이 인셀이라고 드러내고 토론토에서 묻지 마 살인을 저지른 사건으로 인셀은 본격적으로 세상에 알려졌다. 아르메니아 출신의 정보통신 전공 대학생으로 당시 25세였던 알렉 미나시안Alek Minassian은 2018년 8월 24일 승합차 한 대로 사람의 왕래가 잦은 거리에서 보행자를 노리고 돌진했다. 열 명이 사망하고 다섯 명이 중상을 입었다. 희생자 대다수는 20세에서 80세 사이의 여성이었다. 2021년 무기징역을 선고받은 범인이 쓴 자술서는 증오가 어떻게 생겨나 번져 나가는지 잘 보여 준다.

"인셀의 반란은 이미 시작되었다! 우리는 '채드'와 '스테이시'를 무너뜨릴 것이다! 최고의 신사 엘리엇 로저에게 경의를!"

chapter 11

혐오, 낙인, 페미사이드, 인셀
― 결국 불태워지는 것은 우리 자신이다!

Die dunkle Leidenschaft
Wie Hass entsteht und was er mit uns macht

> "증오란 부단히 살인을 저지른다는 뜻이다."
>
> 호세 오르테가 이 가세트José Ortega y Gasset

증오는 짜증, 화, 분노, 복수심 같은 공격성보다 훨씬 더 강력한 동기로 폭력 범죄를 유발한다. 증오가 자행하는 범죄는 특히 더 잔혹해서 후유증이 심각하다. 그런데 "증오 범죄Hate crime"라는 표현은 오늘날 그 쓰임새가 정확하지 않다. 흔히 "혐오 범죄" 또는 "증오 범죄"는 가해자가 실제로든 추정으로든 특정 집단이나 특정 성별의 피해자를 골라 저지르는 범죄를 가리키는 단어로 쓰인다. 많은 나라에서 "특정 집단 전체 또는 그 구성원이나 이와 관련한 제도 혹은 대상을 겨누고 저질러지는 범죄"라는 식으로 증오 범죄를 제한하며 독립적인 형사 범죄로 다루고 있다. 그러나 "증오 범죄"라는 단어를 더 정확히 사용한다면, 재물손괴는 물론이고 대인관계에서 저질러지는 가해행위, 사디즘의 잔혹한 상해, 전쟁 범죄, 대량 학살 등 범인이 범행을 저지른 주된 동기가 증오인 모든 범죄가 이에 해당할 것이다. 그래서 나는 이 책에서 증오로 얼룩진 "증오 범죄"와 최근에 관행처럼 쓰이는 "증오 범죄"를 구분해 가며 이야기를 풀어 갈 생각이다.

재물손괴 뒤에 숨은 증오

증오 때문에 저지르는 범행은 사람이나 집단을 겨냥하기보다 물건을 파괴하는 것으로부터 시작한다. 재물손괴나 공공기물 파손, 이를테면 범인이 차창을 깨거나 타이어를 송곳으로 찌르거나 묘비를 더럽히거나 예술작품을 파괴하는 행동은 사실 그 물건의 소유주나 창작자를 향한 증오가 동기이다. 재물손괴는 겉으로는 그저 물건만 파괴하는 것처럼 보이지만 본래는 인물, 집단 또는 이데올로기를 겨누고 있다. 파괴되는 물건은 증오를 표출하는 도구에 지나지 않는다. 피와 살로 이루어진 인간을 대리해서 물건이 공격받는 셈이다. 드물기는 하지만 재물손괴로 표출된 증오는 익살스러울 때도 있다. 다음은 그 사례이다.

악의적인 이동식 과속 감시 카메라

42세의 남자가 이동식 과속 감시 카메라를 부쉈다. 분노로 날뛰면서 망치로 카메라를 박살 냈다. 지나가던 행인이 말려도 소용이 없었다. 광란의 파괴가 끝나고 그는 근처 식당으로 가서 독주를 평소 양의 곱절로 따라 연거푸 비우며 속을 달래고는 경찰에 순순히 체포됐다. 이미 두 번 그는 과속 카메라에 걸려 한 번은 50유로, 다음에는 120유로의 과태료를 물었다. 그의 주거 지역에 시속 30킬로미터로 제한하는 단속 카메라가 설치되자 남자는 "도발적으로 아주 천천히" 카메라 앞을 차로 왔다 갔다 했다. "최소 여섯 차례, 그때마다 남모를 즐거움을 느끼며" 운전했다. 그래도 성이 풀리지 않았던 남자는 이번에는 카메라 앞을 걸어서 지나며 카메라를 향해 혀를 날름 내밀고 주먹질을 해 댔다. 그러다가 마침내 증오를 참을 수 없게 된 남자는 망치로 최후의 일격을 가했다.

가벼운 정신장애에 시달리는 남자는 운전면허증도 세 번이나 시험을 치른 끝에 간신히 취득했다. 그는 담당 관청이 의도적으로 자신에게 골탕을 먹인다고 분통을 터뜨렸다. 경찰이 잠복해 자신을 끊임없이 감시하며, 여러 차례 음주 측정도 했다고 주장했다. 아무 이유도 없이 면허증을 압류했으며, 이제는 아예 집 가까이에 카메라를 설치해 함정을 팠다고도 했다.

그의 증오는 카메라를 겨누었다기보다 해당 기관에 품은 억울함에서 비롯되었다. 카메라 파괴로 그는 "비겁한 배후"를 타격한 셈이다.

공공기물을 파손하는 "반달리즘"은 단순히 공격성 과시, 힘을 뽐내려는 행동, 자신의 분노에 어떤 반응이 일어나는지 지켜보려는 호기심 때문만은 아니다. 문화 반달리즘은 물론이고 가상공간에서 일어나는 각종 횡포, 이를테면 악성 댓글이나 의도적인 삭제 따위는 언제나 그 배후를 겨눈다. 성지 파괴나 미술 작품 방화, 책을 불태우는 행위도 다르지 않다. 종교개혁 당시, 특정 그림을 공개하지 못하게 한 금령은 예배 제단 그림, 조각상, 교회 창문을 초토화하는 결과를 초래하고 말았다. 탈레반이 바미얀Bamiyan(아프가니스탄) 석불을 다이너마이트로 폭파한 사건 역시 그 배후의 인물과 문화, 종교를 겨눈 것이다.

　책을 태우는 일에는 "극단적 검열" 그 이상의 함의가 있다. 분서갱유가 보여 주듯, 그 증오의 역사는 유구하다. 1561년 멕시코에서는 기독교가 마야 고문서를 공개적으로 불태우는 만행을 저질렀다. 특히 심각한 후유증을 부른 사건은 1933년 독일의 많은 도시에서 유대인을 박해하고 몰아내기 위해 자행된 도서 방화이다. 이 사건은 나치스가 "비독일적"이라고 낙인찍은 모든 것을 겨눈 파괴였다. 오늘날에도 책을 태우는 일은 심심찮게 벌어진다. 이를테면 인도 출신의 작가 살만 루슈디Salman Rushdie의 소설 『악마의 시The Satanic Verses』(1988)가 2012년 불살라졌으며, 아프가니스탄에서도 미군이 『코란』을 불태웠다. 이미 1823년 하인리히 하이네Heinrich Heine(1797~1856)는 증오로 책을 불태우는 범죄가 인간 생명의 파괴로 이어질 수 있음을 간파했다.

　　"책을 태우는 일은 전주곡일 뿐이다. 결국 불태워지는 것은 인간이다."

증오로 얼룩진 치정 범죄

마피아 같은 조직범죄를 거의 찾아볼 수 없어 상대적으로 살인 사건이 드문 유럽 중부와 북부에서는 애정 관계로 인한 증오가 살인 사건의 주된 동기이다. 정신과 의사이자 작가인 알프레트 되블린 Alfred Döblin(1878~1957)은 소설 『두 여자 친구와 그들의 독살Die beiden Freundinnen und ihr Giftmord』(1924)에서 증오로 인해 남편을 독살하는 과정을 매우 인상 깊게 그려냈다. 이 소설은 실제 일어난 범죄를 바탕으로 허구를 적절히 가미했는데, 두 레즈비언 엘리 클라인Elli Klein과 그레테 네베Grete Nebbe가 자행한 독살 스토리는 바이마르공화국을 발칵 뒤집어 놓았다.

"동성애"로 독살한 여인들

1900년생으로 미용사 자격증을 딴 엘리는 스무 살에 목수 빌리 클라인과 결혼했다. 부모의 성화에 못 이겨 중매로 맺어졌다. 부부 관계는 시작부터 싸움으로 얼룩졌다. 성급한 성격이라 툭 하면 욱하는 빌리는 손찌검까지 서슴지 않았다. 나중에 법정에서 엘리는 "온갖 종류의 기괴한 성적 요구"에 시달렸으며, 여러 차례 강간까지 당했다고 진술했다. 엘리는 결혼한 지 6개월 만에 친정으로 도망쳤다. 하지만 친정 부모는 다 그런 거라고 화해를 종용하고, 2주 만에 엘리를 남편에게 돌려보냈다. 얼마 뒤 엘리는 자신보다 세 살 연상의 그레테 네베를 알게 되었다. 네베 역시 남편과의 불화에 시달렸다. 서로 전혀 다른 성격의 엘리와 그레테였지만, 둘은 신세를 한탄하며 금세 친해졌다. 실의에 젖은 두 여인에게 우정이 사랑으로 변하는 것은 시간문제였다. 특히 엘리는 남편 탓에 섹스 혐오가 심했는데, 그레테와의 관계에서 처음으로 쾌락을 느꼈다. 두 여인은 서로의 감정을 남편에 대한 증오로 정당화했다.

1921년 마지막 날 남편과 심하게 싸운 엘리는 1922년 첫날 집을 나와 방을 얻었다. 그리고 곧장 의사를 찾아가 그동안 남편에게 당한 추행으로 입은 상해 진단서를 발급받아 이혼을 신청했다. 그러나 새로 얻은 거처로 찾아온 남편에게 위협을 받고, 집으로 들어가라는 친정아버지의 강요를 견디다 못한 엘리는 3주 만에 돌아와야만 했다. 남편은 달라지겠다고 몇 차례나 다짐하고도 전혀 나아지지 않았으며 외려 아내를 경멸하고 위협하며, 이웃의 증언대로, "시퍼런 멍이 들 정도로" 때렸다. 엘리는 그레테에게 쓴 편지에서 이렇게 사느니 독을 먹고 죽고 싶다고 하소연했다. 그레테는 이렇게 답장을 보냈다. "침착해, 네가 왜 죽어. 남편을 병들게 만들어 침대에 꼼짝도 못하게 묶어 놓은 다음, 지금껏 한 행동의 대가를 치르게 하자." 엘리는 약국에서 비소를 장만해 남편이 먹을 음식에 조금씩 넣었다. 빌리 클라인은 복통을 호소하며, 숨이 가빠지고 조금만 움직여도 너무나 피곤했다. 의사는 그에게 독감 증상 같다고 했다. 엘리는 의사의 진단대로 독감에 걸린 남편을 헌신적으로 간호하는 시늉을 하며, 그레테에게 이렇게 편지를 썼다. "이 돼지 새끼가 빨리 죽었으면 좋겠어." 그래도 양심의 가책과 함께 혹시 발각될까 두려웠던 엘리는 남은 비소를 화장실에 버렸다. 하지만 이내 마음을 고쳐먹은 그녀는 그레테에게 독을 구해 달라고 부탁했다. "그 자식을 끝장내고 싶어. 꼴도 보기 싫어." 그레테는 독을 넣는 걸 계속하라며 부추기면서, 자신의 남편도 똑같이 죽이겠다고 다짐했다. 빌리 클라인이 정신착란 증세를 보인 끝에 실신하자, 엘리는 그를 리히텐베르크의 병원에 입원시켰다. 같은 날 그는 30세의 나이로 사망했다. 사망진단서에 기재된 사망 원인은 다음과 같았다. "메틸알코올 중독." 목수로 일하며 목재를 건조할 때 쓴 메틸알코올에 심하게 노출된 게 사망 원인이라고 의사는 진단했다.

처음부터 엘리를 의심했던 시어머니는 아들이 죽은 원인을 믿을 수 없다며 경찰에 재조사를 해 달라고 탄원을 넣었다. 경찰은 엘리의 집을 수색한 끝에 그녀가 그레테와 주고받은 편지를 발견했다. 시신을 해부한 법의학자는 메틸알코올이 아니라 비소가 사망 원인임을 밝혀냈다. 언론은 "인간이기를 포기한 여인들" "동성애 독살" 하는 식의 자극적 제목으로 사건을 보도했다. 당시 법은 여성의 동성애를 남성의 그것과 달리 처벌의 대상으로 보지 않았음에도 언론은 두 여인의 "애정"에만 초점을 맞춘 기사를 쏟아냈다.

무슨 일이 벌어지는지 전혀 알지 못했으며, 범행에 가담한 사실도 없다고 완강히 부인하는 그레테 네베와는 달리 엘리 클라인은 순순히 자백하고, 지옥에서 빠져나갈 탈출구가 보이지 않았던 것이 동기라고 진술했다. 남편은 툭하면 때렸으며, 그저 자신의 욕구를 풀려 강간을 일삼았고, 친정아버지는 그 지옥으로 자신을 늘 되돌려 보냈다고 가슴을 쥐어뜯었다. "밤낮으로 오로지 하나만 생각했습니다. 벗어나야 한다. 자유만이 살길이다. 그밖에 다른 모든 것은 신경 쓸 겨를이 없었습니다." 법원으로부터 피고인의 감정 분석을 의뢰받은 법의 심리학자이자 유명한 성과학자인 마그누스 히르슈펠트Magnus Hirschfeld는 비교적 긴 시간을 두고 이루어진 독살은 "깊은 증오"의 발로였고, "비정상적으로 과도한 긴장"과 "극도로 예민해진 감정"이 두드러져 보이기는 하지만, 피고인이 이로 말미암아 정상적 판단 능력을 상실한 심신미약 상태라고 볼 수는 없다는 결론을 내렸다. 남편에게 학대당한 정황이 밝혀지면서 피고인에게 동정적인 여론이 일자 법원은 엘리 클라인에게 4년 형을, 그레테 네베에게는 18개월의 실형을 선고했다.

묻지 마 살인, 학살, 테러 — 증오 범죄의 삼두마차

최악의 증오 범죄는 "악의 삼두마차", 즉 묻지 마 살인, 학살, 테러이다. 세계보건기구는 묻지 마 살인amok을 "돌발적이고 자의적이며 도발당하지 않았음에도 갑자기 분출하는 폭력으로 살인 또는 최소한 엄청난 파괴를 부르는 만행이며, 자살로 마무리되는 경우가 잦다"고 정의한다. 'amok(분노하다, 폭주하다)'이라는 단어는 본래 말레이·인도네시아에 뿌리를 둔 것이기는 하지만, 어떤 문화에서든 나타나는 현상이다. 북유럽에서는 "베르저커라이Berserkerei", 남아메리카에서는 "콜레리나Colerina", 북아메리카의 원주민은 "리아li'aa"를 이 광란의 만행을 가리키는 단어로 사용한다. 미국에서는 발작을 일으키듯 짧은 시간에 많은 희생자를 죽이는 범인은 "광란의 살인자Rampage Killer"라고 불린다.

묻지 마 살인이 여러 단계를 거치며 이루어진다는 것을 보여 주는 많은 연구는 병적인 증오가 심각해지는 과정을 보여 준다.

- 제1단계

  이른바 '전구기Prodrome', 전 단계는 불쾌감, 짜증, 괴로움, 우울함, 복수심이 촉발되어 당사자가 외부와의 교류를 끊고 칩거한다.

- 제2단계

  충동을 통제하지 못하고 계획도 없이 무자비하게 살인을 저지르려는 공격성이 자라난다.

- 제3단계

  이 단계에서는 살인의 광란이 실제로 벌어진다. 광란은 잠시 진정되는가 싶으면 이내 다시 새롭게 폭발한다.

- 제4단계

  묻지 마 살인은 완전한 탈진과 극심한 우울증, 혼수상태(마비), 기억력 상실(건망증)로 끝을 맺는다. 살인 사건의 대략 70퍼센트 정도는 자살로 마감된다.

예전에 묻지 마 살인은 심각한 심리 장애, 무엇보다도 몸의 생리기능이 현저히 떨어지는 상태, 섬망, 편집증 등 정신질환과 연관해 설명되곤 했다. 이후 이 현상은 주로 심리 사회적 정황, 부정적 나르시시즘 그리고 반사회성으로 설명되었는데 오늘날의 연구는 이런 위험한 성향을 빚어내는 핵심 요소를 다음과 같이 정리하고 있다. 자살 성향을 보이는 우울증, 자아도취에 쉽게 사로잡히는 나르시시즘 성격, 폭력 판타지, 인생을 살며 겪는 위기, 거부당한 처절한 경험, 괴롭힘과 따돌림, 그리고 이런 이유로 형성된 증오가 그것이다.

총기 난사 사건이든 묻지 마 살인 또는 테러처럼 단독범이 자행하는 만행은 원칙적으로 불특정 다수를 겨눈다. 고대 프랑스어 "마샤크maçacre(도살장)"를 어원으로 하는 "학살Massacre"은 대중을 상대로 한 잔인한 살인이다. 전쟁에서 학살은 민간인 처형, 소수민족 박해, 집단 살인 등으로 나타난다. 베트남 전쟁이 한창이던 1968년에 일어난 '미라이 학살My Lai Massacre'은 503명의 민간인을 희생시킨 것으로 악명이 높다. 1995년 7월에 일어난 스레브레니차 집단학살은 약 8천 명의 보스니아인, 특히 12세에서 77세 사이의 소년과 남자가 목숨을 잃었다. 2012년 5월 25일 시리아의 훌라에서 자행된 학살은 118명의 사상자를 낳았다.

증오로 물든 학살의 경우, 우리는 특정 이데올로기나 위계질서의 수호를 자처하며 범행을 저지른 경우인지, 아니면 단독 소행인지를 구분해야 한다. 어떤 체제를 지키고자 목숨을 짓밟는 학살범에게서는 정신과적으로 살펴야 할 특이점은 거의 보이지 않는다. 오히려 테러범에 가깝다. 그러나 단독범의 경우는 다르다. 매우 심각한 정신질환의 증세를 보인다. 한편 현대의 커뮤니케이션 기술과 떼려야 뗄 수 없는 청소년 범죄자는 더 면밀하게 분석되어야 한다. 이 경우 주된 동기는 대개 학생들 사이에서 일어나는 괴롭힘, 일찌감치 알아차렸다면 예방할 수 있는 괴롭힘이 대부분이다.

세계에서 가장 오래된 도시 가운데 하나인 헤브론에서 우리는 증오 범죄의 세 유형과 그 배경을 특히 잘 살펴볼 수 있다. 분쟁으로 얼룩진 헤브론에서는 오늘날까지도 잔혹한 학살이 벌어지고 있다.

신성한 곳에서 벌어지는 학살과 테러

1517년 초막절*에 당시 예루살렘의 지배자로 오스만 제국 술탄을 대리해 통치하던 무라트 베이Murat Bey는 헤브론 유대인 공동체의 대다수 구성원을 살해했다.

1929년에는 헤브론에서 67명의 유대인이 아랍인에게 살해당했으며, 헤아리기조차 힘든 많은 유대인이 다쳤다. 대략 800명 정도의 살아남은 사람들은 모두 추방당했다. 사건의 도화선은 영국이 당시 오랫동안 이 지역을 위임 통치하면서 아랍인과 유대인 민족운동 사이에 불거져 온 반목과 갈등이었다. 1929년 8월 '통곡의 벽'을 어느 쪽이 차지할지를 두고 벌어진 다툼으로 서로를 향한 증오는 최고조에 달했다. 직접적인 기폭제 노릇을 한

---

* 초막절Sukkot은 유월절, 오순절과 함께 구약성경이 언급하는 3대 절기 가운데 하나다. 오늘날의 추수감사절에 해당한다.

것은 예루살렘에서 기도를 올리던 이슬람교도가 시온주의자의 습격을 받았으며, 시온주의자가 성전을 장악했다는 소문이었다. 그리고 8월 9일 오전에 칼과 도끼로 무장한 아랍 폭도가 유대인의 집과 가게를 습격해 67명의 유대인을 살해했다. 열두 명의 여인과 세 명의 어린아이도 함께 희생되었다. 그야말로 도륙되다시피 난자당한 시신의 상태로 미루어 많은 희생자가 고문 끝에 살해되었으며, 여자들은 강간당한 게 분명했다. 400명이 넘는 유대인은 아랍 이웃이 숨겨 준 덕에 간신히 목숨을 구했다.

1994년 2월 25일 유대 민족의 퓨림 축일이 한창일 때 다시금 학살이 벌어졌다. 당시 개업의로 활동하던 유대인 의사 바루크 골드스타인Baruch Goldstein은 아침 시간에 이브라히미 모스크Ibrahimi Mosque의 문을 박차고 들어갔다. 그는 탄창이 주렁주렁 달린 군복을 입고 기관총으로 무장했다. 아침 기도를 올리던 모슬렘을 향해 총을 난사했다. 단 10분 만에 29명을 사살하고 약 150명에게 중상을 입혔다. 골드스타인은 이스라엘 수상 이츠하크 라빈Yitzhak Rabin의 평화정책을 받아들일 수 없다면서, 그 말도 안 되는 정책에 확실하게 마침표를 찍을 "극적인 행동"에 나서겠다고 선포했었다. 결국 그는 신도들에게 제압되었고 소화기로 맞아 죽었다.

모든 유일신 종교가 거룩한 성소로 떠받드는 헤브론에서 거듭되는 학살은 상황을 갈수록 열악하게 만들었다. 팔레스타인 사람들은 도심에서 쫓겨났으며, 팔레스타인 사람들과 유대인을 분리하는 정책이 본격화했다. "신의 순교자"이며 "성자 박사"로 추앙받는 골드스타인의 무덤은 유대인이 찾는 순례지가 되었다. 노벨 평화상 수상자 이츠하크 라빈은 1년 반 뒤 결국 유대인 극단주의자 이갈 아미르Yigal Amir가 쏜 총에 맞고 말았다. 당시 25세의 법대생 아미르는 1995년 11월 24일 베레타 반자동 권총으로 수상을 저격했다. 법정에서 미소를 지으며 재판을 받았던 이 암살범 역시 오늘날까지 영웅으로 추앙된다. 증오는 계속되고 있다.

오늘날의 관점에서 정의한 증오 범죄

증오 범죄의 국제적인 정의는 "인종이나 종교, 혈통, 성별 또는 정치 성향이나 성적 기호 혹은 나이나 피해자의 정신적 장애와 신체적 장애를 겨누고 저질러지는 폭력 범죄"이다. "물적 피해는 물건의 소유자를 겨냥한 범죄"로 발생한다.

미국에서는 "편향성 범죄bias crime", 곧 "편견에 따른 범죄"라는 개념이 선호되기는 했지만, 표준적인 정의로 자리 잡지는 못했다.

독일 정부는 증오 범죄를 정치적 동기가 있는 범죄, 곧 형사처벌 대상으로 규정한다. 이런 행위의 주요 동기로는 "정치 성향, 국적, 인종, 피부색, 종교, 세계관, 출신, 성적 취향, 장애, 외모 또는 사회적 지위"가 꼽힌다.

오늘날의 의미에서 증오 범죄는 무엇보다도 외국인 혐오, 인종

차별, 반유대인 정서, 성적 취향에 대한 혐오와 차별이 주된 동기이다. 사회적으로 소수 그룹, 이를테면 동성애자, 마약 중독자, 노숙자 또는 전과자를 노리고 자행되기도 한다. 행동의 동기가 증오라기보다는 선입견과 편견인 경우가 많아 전문가들은 "선입견 범죄" 또는 "편향성 범죄"라는 표현을 선호한다. "증오 범죄hate crime"라는 개념은 미국의 시민운동이 만들어 냈다. 사회적으로 소외당하는 소수그룹이 범죄로부터 보호받아야 한다는 생각을 담은 개념이다. 1981년에 처음으로 공표된 관련 법안은 네 가지 핵심 요소를 담고 있다.

- 반달리즘에 희생당하지 않도록 제도적 보호를 강화한다.
- 특정 지표와 부합하는 범죄는 처벌 정도를 강화한다.
- 가해자를 상대로 민사소송이 이뤄질 수 있게 한다.
- 경찰의 전문능력을 키우기 위해 데이터를 통일적으로 수집하고 관리하며, 수사 능력 연수 기회를 제공한다.

극우파의 연쇄살인

최근에 일어난 증오 범죄의 대표적 사례는 "NSU 살인"이다. 2000년에서 2006년 사이에 독일의 대도시들에서 발생한 연쇄살인은 극우 테러조직 국가사회주의 지하당Nationalsozialistischer Untergrund, NSU의 소행이었다. 이 살인으로 이민자 가정 출신인 아홉 명의 중소기업가가 목숨을 잃었다. 여덟 명은 터키, 한 명은 그리스 출신이었다. 처음에는 희생자와 관련한 동기가 불분명하고, 이민을 왔다는 것 외에는 공통점이 없어서, 경찰은 범죄 조직의 "파벌 다툼"을 동기로 추정했다. 그래서 언론은 "되너 살인" 또는 "보스포루스 연쇄살인"이라는 자극적인 제목의 기사를 쏟아냈다.* 주범인 두 명의 네오나치 우베 문트로스Uwe Mundlos와 우베 뵌하르트Uwe Böhnhardt가 2011년 11월 4일 자살함으로써 비로소 사건의 배경이 밝혀졌다. 범인들의 여성 동료 베아테 츠쉐페Beate Zschäpe가 자신들의 소행임을 밝히는 동영상을 보내왔기 때문이다. 츠쉐페는 무기징역을 선고받고 복역 중이다.

이 범행이 보여 준 최악의 독특함은 범죄심리학의 관점에서 볼 때 범인들이 살인의 동기를, 테러 공격에서 흔히 보듯, 무슨 이념적 메시지를 전하거나 복수하려 한 것이 아니라, 오로지 증오였다고 밝힌 점이다.

유대인, 기독교도, 모슬렘을 상대로 자행되는 증오 범죄는 전 세계적으로 증가하는 추세를 보인다. 유럽안보협력기구OSCE는 2020년과 2021년 사이에 발간한 보고서에서 교회와 신도를 향한 공격이 70퍼센트 급증했다고 밝혔다. 음모론을 바탕으로 퍼지는 반유대인 공격은 코로나 팬데믹이 시작되고 2년 동안 두 배로 늘어났으며, 트위터와 페이스북과 텔레그램의 독일어 계정에서는

• '되너'라는 표현은 튀르키예 꼬치구이 'Doner kebab'의 독일어 'Döner Kebab'에서 왔다. '보스푸루스Bosporus'는 튀르키예의 흑해와 지중해를 잇는 해협 이름이다.

유대인 혐오를 담은 게시글이 13배 폭증했다.

미국심리학협회는 다른 단체들과 협력해 "증오 범죄"가 어떤 특별한 영향을 미치는지 연구한 보고서를 발간했다. 개인뿐 아니라, 증오의 목표 그룹, 이로써 위협을 받는 다른 그룹, 그리고 공동체 전체를 아울러 살핀 그야말로 종합적인 보고서인데, 특히 희생자가 겪는 특별한 심리와 감정의 아픔을 강조했다. 이런 아픔이 끼치는 폐해는 물리적 폭력의 아픔보다 훨씬 더 위중할 수 있다. 목표 그룹, 특히 사회의 소수 그룹을 가장 심각하게 위협하는 폐해는 안전과 보호의 상실이다. "증오 범죄"는 사회의 분열을 획책한다. 분열로 이전투구를 벌이는 사회야말로 증오가 서식하기 가장 좋은 환경이기 때문이다.

타인에 대한 두려움 — 제노포비아

현대 증오 범죄의 근간에는 "다름에 대한 두려움"이 흐르고 있다. '제노포비아Xenophobia(고대 그리스어에서 "다름"을 뜻하는 "제노스xénos"와 "두려움"이라는 의미의 "포보스phobos"의 합성어)'가 '외국인 혐오'로 옮겨지는 것은 우연이 아니다. 외국인 혐오가 새로운 현상은 아니다. 하지만 외국인 혐오는 난민과 이민의 물결이 거센 오늘날 새로운 차원에 올라섰다. 러시아가 우크라이나를 침공해 벌인 전쟁 이전에도 전 세계적으로 약 6천만 명이 피난길에 올라야 했다. 세계 각국은 자국이 외국인으로 유린당하는 것은 아닌지 노심초사했다. 그래서 2015년 난민으로 홍역을 앓으면서 유럽은 한복판에 철조망을 세우기 바빴다. 심지어 난민수용소가 거듭된 방화로 불타기도 했다. 미국은 멕시코와의 국경에 거대한 장벽을 세웠고, 외국인을 싸잡아 욕하고 그 어떤 보호도 해 주지 말아야 한다고 주장하는 정당이 인기를 얻고 있다.

끊이지 않는 반유대주의, 여전한 유대인 혐오

타인을 향한 증오가 얼마나 무서운지 가장 잘 드러내는 사례는 그 전통도 지독한 유대인 혐오이다. 예로부터 유대인은 우수한 경제적 능력으로 시기를 사며 증오와 박해의 대상이 되어 왔다. 기독교의 반유대주의는 유대인을 "그리스도 살인자", 고리대금업자, 신성모독자, 산 사람을 제물로 바치는 살인자라고 욕하며 모욕해 왔고, 19세기에 출현한 세속의 "과학적 반유대주의"는 유대인을 "인류의 해충이자 기생충"이라며 "유대인은 세계를 뒤집을 음모"를 꾸민다고 꾸짖었다. 이런 터무니없는 비난은 마치 전 세계적인 유대인 공동체가 존재하며, 이 공동체가 전체 비유대인 세계를 뒤엎을 음모를 꾸미고 지배하려 한다는 암시를 흘렸다. 그래서 세상의 모든 부정적인 일에 대한 책임을 유대인이 뒤집어썼으며, 희생양으로 내몰려 세상의 증오를 온몸으로 감당해야만 했다.

유대인 혐오를 정당화한 논리는 어처구니없게도 유대 민족은 다른 모든 민족을 무릎 꿇리고 파괴하려 한다는 선입견이다. 나치스 정권은 유대인을 짓밟아야만 "아리아인"이 앞설 수 있다고 목청을 높였다. 세계사에서 가장 섬뜩한 이 혐오 부추기기 사업이

성공할 수 있었던 이유는 단 하나다. 독일 민족은 이미 몇 세기를 두고 유대인 혐오를 키워 왔기에, 당시 독일 사회는 유대인의 "죄"를 물을 수 있었다. 이로써 가해자는 피해자로 둔갑했으며, 진짜 희생자가 가해자로 선포되었다. 홀로코스트라는 무지막지한 가혹행위가 일어났음에도, 반유대주의를 다룬 오늘날의 모든 연구가 보여 주듯, 유대인 혐오는 여전히 진행형이다.

민족 말살

또 다른 대량 학살 역시 증오의 파괴력을 여실히 보여 준다. 이 학살은 다른 종족과 사회 그룹을 겨냥한 증오로 빚어졌다. 1994년 아프리카 동부의 르완다에서는 석 달 동안 최소한 80만 명을 무참하게 도륙하는 학살이 일어났다. 세계가 똑똑히 지켜보고 있음에도 자행된 학살은 실로 충격적이었다. 이 집단학살은 치밀하게 계획되었다. 1993년부터 무기 수입이 몇 배로 늘어났고, 이대로 가면 내전은 피할 수 없다는 호소는 그 누구도 귀담아듣지 않았다. 학살은 1994년 4월 6일 르완다 대통령이 암살당하면서 시작되었다. 이후 고위 정치가들이 차례로 살해당했다. 매일 라디오에서는 학살에 가담하라는 선동이 방송되었다. 이른바 "안내원"은 살해당해야 하는 르완다 주민의 이름과 주소를 읊었다. 후투Hutu족을 대표하는 정당은 소수족 투치Tutsi족의 블랙리스트를 만들었다. 후투족은 본격적으로 투치족 청소를 개시했다. 이 집단학살에는 군대와 경찰, 그리고 그들의 가족이 가담했다.

안으로는 결속을, 밖으로는 불신을

학자들은 지금껏 외국인 혐오 또는 이민족 증오에 어떤 설명을 내놓았을까? 진화생물학은 어떤 집단이든 그 구성원이 서로 밀접한 협력 관계를 키우면서 동시에 다른 집단을 상대로 극도의 불신과 적대감을 표출하는 것이 진화에 유리하다고 설명한다. 폴란드 출신으로 영국에서 활동한 사회 심리학자 헨리 타지펠Henri Tajfel(1919~1982)은 비합리적일지라도 타인을 겨눈 불신은 해당 집단의 결속을 강화하는 효과를 보여 준다는 '자기 집단 선호 이론'을 선보였다. 그는 실험 참가자들을 무작위로 두 그룹으로 나누었다. 참가자들은 실험 전에 서로 알지 못했으며, 두 그룹은 실험 내내 접촉할 기회가 없었음에도 이들은 이내 자기 그룹과 일체감을 느끼고, 격리된 다른 그룹에 적대감을 보이기 시작했다. "타인"은 비호감의 대상이며 적대감만 불러일으키는 반면, 같은 그룹의 "자기 사람"은 호감으로 대접해야 하는 상대였다. 이 실험으로부터 타지펠은 유인원은 물론이고 인간도 역시 공동체의 단결을 다지는 것을 생존의 가장 중요한 전략으로 여긴다는 결론을 얻어 냈다. 서로 반목하는 집단은 깨질 수밖에 없기 때문에 자신이 속한 집단을 선호하는 것은 본능이라고 그는 설명한다. 반면 다른 그룹에는 불신으로 맞서야 하는 것 역시 본능이다. 이런 심리 구조는 적대감과 증오를 키울 수밖에 없다.

집단을 휘어잡는 증오를 다룬 새로운 연구

오늘날의 학자들은 다양한 정치 갈등의 맥락을 살피며, '내집단

內集團, Ingroup'이 확실한 선을 긋는 '외집단外集團, Outgroup'에 품는 증오가 어떤 것이며, 이에 따라 어떤 행동 경향을 보이는지 연구하고 있다. 예루살렘 히브리 대학교의 심리학 교수 에란 할페린Eran Halperin은 2008년 흥미로운 연구 결과를 발표했다. 이스라엘 실험 참가자들에게 감정적 갈등이 최고조에 달한 네 편의 상세한 시나리오(예를 들어 테러 공격 또는 나이트클럽에서 벌어진 집단 난투극)를 읽게 하고 설문조사를 실시했다. 여성과 남성 참가자는 다음 다섯 가지 대립 쌍으로 사건을 평가했다.

- 정당하다 / 부당하다
- '외집단' 책임 / 다른 정황 탓
- 고의적 상해 / 의도하지 않은 상해
- 외집단이 나빴다 / 아니다
- 피해자의 대처 능력이 높다 / 낮다

연구는 증오가 생각과 행동을 결정한다는 것을 확인해 주었다. 참가자들은 갈등 상황이 어디까지나 외집단의 사악함 때문에 빚어진 것으로 평가했다.

벨기에 출신으로 네덜란드에서 활동한 알바 야시니Alba Jasini와 아그네타 피셔Agneta Fischer 역시 2017년 비슷한 연구 결과를 발표했다. 두 심리학자는 코소보 전쟁에서 세르비아의 준군사조직이 자행한 "인종 청소"로 씻을 수 없는 트라우마에 시달리는 알바니아 코소보 사람들을 상대로 설문조사를 실시했다. 참가자들은 세르비아 사람이 공격하는 상황을 상상하고 어떤 감정을 느끼며 그 상황을 어떻게 평가하는지 답했는데, 참가자는 증오의 밀도가 가해자 집단의 사악한 의도와 부도덕함, 그리고 피해자가 느끼는 무력함의 정도에 따라 달라지는 것을 보여 주었다.

요컨대 집단을 휘어잡는 증오는 인간관계의 증오와 비슷한 양상을 보여 준다. 대개의 경우, 외국인 또는 타인이 악의를 가졌다고 간주한다. 이런 연구 결과는 예방 대책 마련에 매우 중요하다.

철학자이자 작가 엘리아스 카네티Elias Canetti(1905~1994)는 타인 혐오라는 현상이 얼마나 위험한지 주목했다. 그가 든 사례는 누군가에게 쫓기며 괴롭힘을 당한다는 망상에 이를 정도로 심각한 불신이다. 지금으로부터 60여 년 전 카네티의 책『군중과 권력Masse und Macht』속 분석은 여전히 의미심장하다.

"군중이 보여 주는 확연한 특징 가운데 하나는 아예 적으로 못 박은 상대에게 특히 화를 내며 민감하게 반응하면서 그에게 괴롭힘을 당하고 있다고 느끼는 감정이다. 상대가 무슨 일을 벌이든 군중은 이른바 '적'이 확고부동한 악의를 가졌다고 해석한다."

chapter 12

디지털 분노
—파괴의 네트워크에서 벗어나기

Die dunkle Leidenschaft
Wie Hass entsteht und was er mit uns macht

> "사랑과 우정과 존중은 하나의 목표를 겨눈 공통의 증오만큼
> 강력하게 인간을 하나로 만들어 주지 못한다."
>
> 안톤 체호프 Anton Chekhov

소셜 네트워크, 댓글, 게시판에는 차별, 선동, 혐오가 기승을 부리고 있다. 인터넷에서 증오의 욕설이 뿜어내는 힘은 실로 심각한 지경이다. 인간을 깎아내리고 혐오하며 국민을 선동하는 증오 메시지를 이르는 영어 "Hate speech(헤이트 스피치)"는 외래어로 자리를 잡은 지 오래다.

증오 메시지 사례

"소아성애 창녀" "정신병자" "뇌를 절단했나" "딴에는 세상 가장 밝은 촛불인 줄 아나 봐" 또는 "소아성애 쓰레기" 등은 모두 독일의 한 유명한 여성 정치가를 향한 댓글의 일부이다. 베를린 지방법원은 1심에서 이런 악성 댓글은 형사 처분의 대상이 되지 않는다고 판결했다. 독일의 형법 185조가 정한 바에 따르면, 처벌할 수 있는 모욕은 "뒈, 이 늙은 녹색 돼지 같은 년"이라든

가 "여전히 어린애로 남고 싶은가 봐, 하기야 늙은 부엉이 같은 년에게 어떤 남자가 접근이나 하겠어!"• 하는 댓글이라고 법원은 판시했다.

2019년 6월 2일 난민을 돕기 위해 헌신적으로 활동하던 정치인 발터 뤼프케Walter Lübcke는 자신의 집 베란다에서 극우파 테러리스트의 총격으로 머리에 관통상을 입고 사망했다. 유튜브에 올라온 영상에는 다음과 같은 댓글이 달렸다. "너는 받아 마땅한 벌을 받은 거야. 이 얼간아!" "분명히 봤지, 뤼프케가 배신이나 일삼는 똥 대가리라는 걸."

한편 팬데믹 동안 사회적 거리 두기 대책에 분노한 시민들은 특히 메신저 텔레그램에서 추악한 폭력 판타지를 퍼뜨렸다. 이들은 정치가, 학자, 언론, 경찰을 상대로 악성 댓글을 경쟁하듯 달았는데, 시위에 반대하는 사람들을 구타하고 강간하며, 심지어 공무원을 잡아다가 목을 매달아야 한다고 주장하기도 했다.

2022년 1월 31일 독일 쿠젤에서는 24세의 여성 순경과 29세의 경사가 교통 통제 도중 총에 맞았다. 특별수사팀 "헤이트 스피치Hate Speech"는 경찰을 쏜 두 용의자를 조사한 결과, 인터넷에 올라온 무수한 증오와 선동 메시지가 범행에 영향을 미쳤다고

• 이 문장은 독일 녹색당의 여성 정치인 레나테 퀴나스트Renate Künast를 염두에 둔 것이다. 열변으로 유명해진 퀴나스트는 그만큼 많은 설화에 시달렸다. 독일 국회에서 소아성애 금지를 위해 벌인 열띤 토론에서 폭력만 아니라면 넘어 가자고 한 발언(소아성애를 옹호한 게 아니라 폭력의 방지에 초점을 맞춰야 한다는 주장)이 오해를 불러일으켜 여론의 십자포화를 맞았다. 댓글 탓에 벌어진 소송에서 법원은 결국 퀴나스트의 손을 들어주었다.

밝혔다. 더욱 놀라운 것은 사건에 대한 대중의 반응이었다. 증오는 범인들이 아니라 희생자에게 향했다. 댓글 하나는 이랬다. "독일에서 짭새가 두 명 줄었다." 악성 댓글을 단 사람 가운데 몇몇은 다른 아이디로 여러 플랫폼에서 활동했다.

미국 출신으로 스키 월드컵에서 여러 차례 우승했으며, 올림픽에서도 금메달을 딴 스키 선수 미카엘라 시프린Mikaela Shiffrin은 2022년 베이징 동계 올림픽에서 당연히 우승할 거라는 예상과 달리 메달을 따지 못했다. 마지막 활강 이후 바닥에 털썩 주저앉은 이 선수에게 향한 것은 위로와 격려만이 아니다. 인터넷에는 그녀를 향한 혐오 댓글이 넘쳐났다. "실패자" "부끄러운 줄 알아라" "멍청한 암캐, 입에 넣어 줘도 못 먹냐" "가짜 미녀" "너에게는 패배의 썩은 내가 진동해" 따위의 댓글로 시프린은 큰 상처를 받았다.

지금 이 순간에도 가상공간에는 증오의 글이 넘쳐난다. 혐오 댓글은 인종 차별과 성적인 모욕을 노골적으로 드러내 폭력을 자극한다. 간접적인 혐오, 주로 냉소와 조롱을 일삼는 댓글의 위험성도 과소평가할 수 없다. 이런 경멸은 사회의 어떤 특정 그룹과 구성원을 조롱하며 존재 기반을 무너뜨리기 때문이다. 직접 대놓고 폭력을 조장하는, 이른바 '사이버모빙Cybermobbing'과는 달리 간접적 혐오 댓글은 주로 이성 간의 반목을 유도하며, 성적 취향, 출신, 종교를 헐뜯는다. 간접적 혐오 댓글 역시 적대감으로 해석해야 마땅하다.

혐오 댓글은 주로 광신자, 사이코패스, 선동가, 극우파가 달기는 하지만, 평소 사회적으로 눈에 띄는 일이 거의 없는 "모범생"도 적지 않다. 그 사람이 그런 글을 달 리가 없는데 하는 바로 그런 사람 말이다.

클릭 몇 번으로 단박에 유명해질 수 있고, 상대가 눈에 보이지 않으며, 얼마든지 숨어 공격이 가능하다는 인터넷의 특성은 혐오 댓글이 번성할 최적의 환경이라 할 수 있다. 이런 식의 증오가 책임을 지는 일도 거의 없다. 평소 얌전하기만 하던 "모범생"은 이 기회를 이용해 본격적으로 자신의 의견을 드러내 속에 담아 두었던 울화를 풀려고 시도한다. 무시와 수모를 당하던 자신이 대단히 중요한 인간이 되었다고 착각하는 나르시시즘이 촉발되는 것이다.

통계로 본 가상공간의 증오

2021년 6월 독일의 여론조사기관 포르자FORSA는 네트워크상에서 증오를 경험한 독일 국민이 76퍼센트에 달한다고 밝혔다. 그중에서도 특히 혐오 댓글을 자주 접하는 사람은 2020년 34퍼센트에서 2021년 39퍼센트로 늘어났다. 네트워크상의 혐오 댓글로 공포를 느낀다고 답한 경우도 42퍼센트에 이른다. 전년도보다도 8퍼센트 포인트나 늘어난 수치이다. 공포를 느낀다는 여성의 비율은 51퍼센트로, 33퍼센트인 남성보다 확연히 높았다. 네트워크에서 개인적으로 혐오 댓글 공격을 받았다고 밝힌 사람 가운데 3분의 2는 다양한 부정적 후유증을 겪어야 했다. 그중 33퍼센트는 허탈함과 의욕 상실을, 27퍼센트는 두려움과 불안을, 19퍼센트는 우울증을, 24퍼센트는 자존감 결여를, 15퍼센트는 업무나 학업에 어려움을 겪었다고 밝혔다.

여성의 84퍼센트와 남성의 70퍼센트는 혐오 댓글에 참을 수 없는 분노를 느낀다고 답했다. 댓글 작성자의 심정도 이해 못할 건 아니라고 답했던 19퍼센트는 2년 만에 13퍼센트로 줄어들었다. 그만큼 네트워크상의 증오에 대한 반감은 늘었다. 혐오 댓글을 발견한 사람의 42퍼센트는 곧장 신고한다고 답했다. 특히 젊은이들은 혐오 댓글을 쓴 사람에게 직접 항의하는 경우도 33퍼센트로 늘어났다.

조사 대상자의 78퍼센트는 혐오 댓글을 막는 가장 좋은 방법은 형사 처분으로 법적 책임을 묻는 것이라고 답했다. 73퍼센트는 혐오 댓글을 빨리 삭제하는 것이 확실한 방법이라고 했다. 신문방송윤리위원회와 검찰과 언론사는 혐오 댓글을 고발하기 쉽게 절차를 간소화하는 "단지 삭제 대신 추적Verfolgen statt nur Löschen"이라는 공동 프로젝트를 진행하기도 했다. 반면 전체 이용자의 26퍼센트가 선택하는, 혐오 댓글에 직접 반박하는 글을 다는 방법은 효과가 떨어지는 것으로 나타났다.

미국과 핀란드의 사회학자 제임스 호돈James Hawdon과 아테 오크사넨Atte Oksanen, 페카 레제넨Pekka Räsänen은 함께 팀을 이뤄 2017년에 미국, 핀란드, 영국, 독일의 청소년과 청년 3천 명을 대상으로 조사했는데, 설문에 응한 미국 53퍼센트, 핀란드 48퍼센트, 영국 29퍼센트, 독일 31퍼센트의 응답자는 직접 혐오 범죄의 피해를 입었다고 답했다.

심리적 배경

네트워크 증오의 실상을 자세히 들여다보면 더욱 충격적이다. 거침없는 폭언은 인간이 품은 악의가 얼마나 끔찍한지 분명하게 확인해 준다. 그것은 그 어떤 투쟁 구호보다, 증오를 부추기는 사이비 예언자의 말보다 더욱 섬뜩하다.

  증오의 본질을 살피고, 발생 조건, 전파되는 과정, 그리고 혐오 댓글을 쓰는 개인의 인성을 관찰해 보면, 증오가 왜 인터넷에서 더욱 창궐하는지 이유가 분명해진다. 채워지지 않는 자존감에 괴로워하며 세상을 향한 증오를 속으로 꾹꾹 눌러 담았지만 직접 공격할 자신은 없었던 개인은 마침내 증오를 발산할 적절한 배출구를 찾아낸다. 인터넷이라는 거대한 바다에 응어리를 풀어 놓으면서 비로소 자신이 누구인지 알린다는 착각에 빠져, 다른 사람을 모욕하고 괴롭히는 댓글을 달고 거기에 붙는 "좋아요"로 자기만족을 얻는 것이다.

  그러나 공감 능력을 상실해 부끄러운 줄도 모르면서 다른 사람을 괴롭히고, 허약하고 불만스럽기만 하던 자아를 순간이나마 빛나게 할 수 있다는 계산은 명백한 착각이다. 인터넷은 긍정적 공감을 무색하게 만드는 공간이다. 메시지 수신자의 실체를 알 수 없기 때문이다. 또한 특정 목적을 의식하고 이합집산을 되풀이하는 커뮤니티는 공감보다 이해타산을 앞세운다.

네트워크에서 자신이 인정받고 있다는 주관적 느낌은 상처받은 자존감을 치유하고 나르시시즘을 키운다. 하지만 '좋아요'로 얻는 힘은 인터넷이라는 이름의 이 그물에 점점 더 사로잡혀 포로가 되어 간다는 것을 뜻하기도 한다. 대단히 똑똑한 냉소주의자 또는 복수의 화신으로 가상공간에서 활개를 친다는 것은 현실의 자신과 갈수록 멀어짐을 의미할 뿐이다. 나르시시즘이라는 시대정신에 보조를 맞추려는 안간힘은 애처롭다.

요점을 정리해 보자. 네트워크상의 증오는 자존감의 결여가 원인으로 작용한다고 여러 연구가 확인해 주고 있다. 다른 사람이 나보다 더 뛰어나면 어쩌나 두려워하는 태도와 어떻게든 권력에 가까워지겠다는 욕구는 "반향실 효과echo-chamber effect"를 키운다. 이 효과는 사람들이 가상공간에서든 현실에서든 자신과 비슷한 의견을 가진 이들과 어울리는 현상을 뜻하는데, 이렇게 해서 소셜미디어에는 끼리끼리 몰려다니며 말도 안 되는 거품만 부풀리는 메시지가 넘쳐나는 것이다. 자신의 편견에 갇히는 이런 현상은 다시금 다른 의견은 전혀 받아들이지 못하는 "필터버블filter bubble"로 연결된다. 즉 알고리즘이 추천하는 정보에만 의존해 객관적 판단과 멀어지는 것이다. 결국 주장과 주장이 맞부딪치며 극단으로 치달으면서 거침없이 증오가 발산된다. 문제의 심각성은 이런 증오가 현실의 삶도 집어삼키려 한다는 데 있다.

네트워크 증오를 막을 대책

현대시의 선구자 프리드리히 휠덜린Friedrich Hölderlin(1770~1843)은 일찍이 "위험이 커지는 곳에는 구원의 손길도 자란다"고 선언했다. 인터넷 공간에 성행하는 악과 증오에 대해서 나는 같은 말을 하고 싶다.

무장까지 한 시위대가 워싱턴의 국회의사당을 급습한 사건은 네트워크상의 증오가 내포한 위험성을 분명히 보여 준다. 이 시위대는 혐오 댓글로 선동되었다. 또 하나의 사건은 앞서 언급한 보수 정치인 뤼프케 살해 사건이다. 이 사건은 독일에서 네트워크상의 증오에 법적 조치를 도입하는 결정적 계기를 제공했다. 2020년 6월 연방의회는 "극우와 폭력 범죄 퇴치를 위한 법안"을 통과시켰다. 이 법안의 입법 취지는 다음과 같다.

"공개적인 메시지를 통해 노골적으로 위협을 드러내는 행위를 묵과할 때 메시지 작성자든 제3자든 위협을 받아들이는 감각이 무뎌지면서 이런 메시지가 실제 범행으로 이어질 확률이 높아진다. 이런 위험이 얼마나 현실적인 것인지는 카셀 정부 수장 발터 뤼프케 살해 사건이 잘 보여 준다."

형사처벌, 그리고…

"네트워크상의 증오 퇴치 법안"은 이미 많은 나라에서 운용되고 있다. 소셜미디어나 다른 전자 통신망을 이용한 인권침해를 예방하고자 제정되었다. 범죄의 문턱은 낮은 반면 피해자가 입는 피해는 너무 크고 지속적이다. 형법은 처벌 정도를 높여야만 했다. 현행 민법은 소송과 재판 과정이 오래 걸릴 뿐 아니라, 적절한 피해 보상을 산정하는 일도 까다롭기 때문이다. 피해가 얼마나 위중한지 실제 그 규모가 드러날 때까지 지켜보는 것도 어불성설이다.

독일 서부 노르트라인베스트팔렌주 역시 "단지 삭제 대신 추적" 프로젝트를 시작했다. 처벌의 대상으로 삼고자 하는 댓글에 대해 그 정도는 허용해야 한다는 여론부터 해결해야만 했다. 어디까지가 표현의 자유이고, 어디서부터 처벌의 대상인지 경계를 정하는 일은 간단하지 않다.

2022년 2월부터 독일 정부는 틱톡, 인스타그램, 유튜브 같은 소셜미디어에 법적으로 문제의 소지가 있는 댓글을 연방형사청에 신고하라는 의무를 부여했다. 증오, 위협, 협박, 대중 선동 등이 법적 처벌 대상이었다. 연방형사청은 새로운 법으로 매년 약 25만 건의 신고와 15만 건의 형사 재판을 예상했다. 페이스북과 구글은 모든 포스팅을 직접 검증하고 문제가 되는 것을 신고하는 게 지나친 요구라고 반박하며 법정 대응에 나섰다.

심리적 전략

법적 대응뿐만이 아니다. 혐오 댓글에 심리학적 대응 전략도 마련되기 시작했다. 이를테면 사회학자 도미니크 한가르트너Dominik Hangartner가 이끄는 연구팀은 "카운터스피치Counterspeech", 즉 혐오 댓글에 대한 반박이 어느 정도 효과가 있는지 연구하며, 혐오 댓글을 찾아내는 알고리즘을 개발했다. 이 알고리즘으로 1,350명의 영어권 '트위터' 이용자가 빈번하게 외국인 혐오나 인종차별 글을 게시하는 것으로 확인했다. 이렇게 찾아낸 혐오 메시지로 연구팀은 실험을 진행했다. 첫 번째 그룹은 아무 간섭이 없이 내키는 대로 반응하라는 지침을 받았고, 다른 그룹은 세 가지 전략 예시를 주고 그 가운데 하나로 대응하게 했다.

- 유머
- 책임져야 할 것이라는 경고
- 공감에 호소하는 메시지

유머는 긴장을 누그러뜨리며 댓글을 단 당사자에게 그 글을 가족이나 지인이 볼 수도 있음을 상기시킨다. 공감은 메시지의 발신자에게 수신자의 처지에서 생각하도록, 이런 공격적 행동이 수신자에게 피해를 끼칠 수 있음을 환기한다. "카운터스피치"는 혐오 댓글이 올라온 지 24시간 만에 달리도록 했다. 이후 4주 동안 작성자가 해당 글을 내리는지, 아니면 계속해서 댓글을 다는지 관찰했다. 이 실험에서 가장 성공적인 전략은 '공감'이었다.

희망의 빛?

일각에서는 가상공간의 증오가 인간의 파괴적 잠재력을 현대적으로 풀어내는 한 형태로 볼 수도 있다는 의견도 제시되고 있다. 공격성 연구가 진지하게 다루는 의문은 다음과 같다. 순전히 가상적인 형태로 공격성을 해소하는 것이 유혈이 낭자한 실제 폭력보다는 나은 게 아닐까? 소셜미디어 시대에 혐오 댓글이 피로 얼룩진 증오에서 건설적인 공격성으로 전환하는 역할을 할 수는 없을까? 인터넷을 짜증, 분노, 경멸, 결국 증오가 판치는 공간으로 방치할 수는 없다. 동시에 인터넷의 증오에 관한 새로운 해석과 접근이 필요하다.

chapter 13

파괴의 도구들
— 히틀러의 선전포고에서
해밀턴의 가스라이팅까지

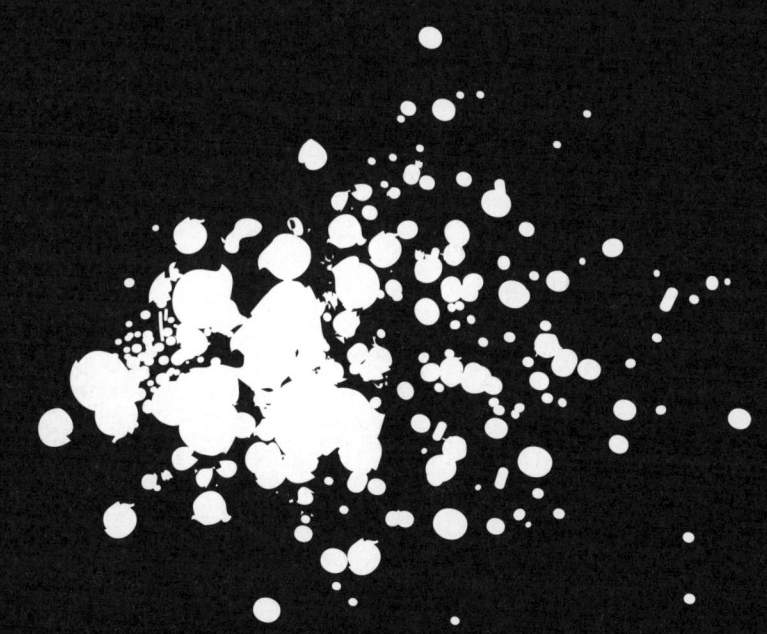

Die dunkle Leidenschaft
Wie Hass entsteht und was er mit uns macht

> "증오는 죽음과 같다. 증오는 파괴해 없애 버림으로 목숨을 부지한다. 없음에 매달려 연명한다는 점에서 증오는 인색함과 비슷하다."
>
> 오노레 드 발자크 Honoré de Balzac

증오는 침묵과 광분, 무시와 악다구니, 경멸과 체념, 평가절하와 조롱, 낙인찍기와 고발, 스토킹과 왕따처럼 심리전의 여러 양상을 보인다. 증오의 핵심 메커니즘은 공감의 거부와 파괴이다. 여기서는 책임 전가, 수치 주기, 가스라이팅, 인간성 말살 등 증오의 수단을 살펴보도록 하자.

관계의 전복 — 책임 전가

증오는 궁극적으로 자기혐오에서 비롯된다는 결론은 얼마든지 가능하다. 자기혐오의 원인은 죄책감인데, 죄책감을 다른 사람에게 떠넘기는 것은 자기혐오를 타인을 향한 증오로 바꾸는 것이기 때문이다. 말하자면 타인을 희생양 삼아 개인이나 집단이 죄책감을 덜어 내려는 시도가 증오인 셈이다. 희생양은 기존의 권력관계를 안정적으로 다져 주기까지 한다. 난민, 동성애자, 여성, 이교도, 마약 중독자, 범죄자 등이 그 리스트이다.

스위스의 여성 정신분석학자 자네트 피셔Jeannette Fischer는 "가해자와 피해자의 역전"을 지적하며, 사람들은 타인에게 잘못을 떠넘기는 '투사Projection'로 자기혐오를 벗어날 뿐만 아니라, 타인이 혐오의 원인을 제공했다고 정당화한다고 꼬집는다.

아이들에게 잘못을 떠넘기면

많은 아동심리학자는 자녀에게 불만을 터뜨리며 핀잔을 일삼는 부모의 태도가 증오심을 키운다고 지적한다. "내가 누구를 위해 자유를 포기했는데, 바로 너야." "너 때문에 출세고 뭐고 다 접었어." "너만 아니었으면 나는 이혼했을 거야." "그렇게 빈둥거리고 공부 안 하면 나더러 죽으라는 거나 다름없지." "네가 말을 안 듣고 못되게 굴어서 너무 슬퍼." 이런 말은 아이에게 파괴적인 영향을 미친다. 불안에 사로잡힌 아이는 전전긍긍한다. '나를 사랑하기는 하는 거야?' '내가 정말 그렇게 못된 건가?' 성인이 된 자녀가 독립하려 할 때 부모가 보이는 모습도 자녀의 감정을 꼬이게 한다. 아버지가 제시한 직업과는 다른 길을 간다거나, 어머니가 상상해 온 것과 다른 결혼을 했다거나, 이런저런 불평을 하는 부모를 보는 자녀의 속은 뒤집힌다.

아동심리학은 어린아이에게 떠넘긴 어른의 책임, 곧 아이를 상대로 쏟아 냈던 불만이 증오를 형성한다고 설명한다. 부모에게 대든다거나 해를 끼치는 일은 어느 사회든 금기이다. 그래서 자녀는 탈출구를 찾지 못하고 무기력한 상황에 빠진다. 어떻게 해야 좋을지 모르겠는 좌절감은 자신을 향한 혐오로 바뀐다. 자녀는 끓어오르는 화를 주체하지 못해 녹초가 되고 만다. 이런 압력을 받으며 성장한 자녀는 증오심을 풀 타인이나 집단을 찾게 마련이다.

독재자의 증오

특이하게도 인류 역사에 지울 수 없는 족적을 남긴 독재자, 이를테면 네로, 스탈린, 히틀러는 이른바 '마마보이'였다. 이들의 무소불위한 권력은 "슬픔에 빠진 어머니"의 꾸지람을 듣고 무력감에 사로잡힌 나머지 방어하려 휘두른 것이라 할 수 있다고 정신분석학은 진단한다. 이들은 한결같이 전쟁을 벌이며 책임 전가라는 방법을 사용한다.

히틀러는 1939년 9월 1일 폴란드를 침공하며 독일 제국의회에서 "선전포고" 연설을 했다. 5천만 명 이상의 목숨을 앗아간 제2차 세계대전의 신호탄이었다. 히틀러는 "새벽 5시 45분부터 적의 공격에 응사하기 시작했다"고 책임을 전가하며 침공을 정당방위로 포장했다. 그는 연설에서 잘못을 상대에게 떠넘기는 증오를 여과 없이 드러냈다. "지금부터 폭탄에는 폭탄으로 보복한다! 독을 무기로 쓰는 사람은 독가스로 죽인다. 인도적인 전쟁의 규칙을 무시하는 사람에겐 우리 역시 똑같이 응대할 것이다."

2022년 2월 24일 러시아는 우크라이나를 침공하면서 역시 책임을 전가했다. 텔레비전 방송에서 러시아 대통령은 우크라이나에서 네오 나치가 권력을 장악했으며, 우크라이나 정부가 몇 년째 자국민을 추행하고 살해하는 것을 더는 지켜볼 수 없다며 침공을 정당화했다.

욕설과 비방 — 창피 주기

비난은 창피 주기를 목적으로 한다. 비난은 소셜미디어의 등장과 더불어 전성기를 맞았다. 창피 주기는 정치와 사회 담론에도 애용되는 기술이다. 이로써 실질적인 토론은 어려워지고 말았다. 미국의 교도소는 재소자를 교화한다는 명분으로 아예 창피 주기를 제도로 도입했다. 대단하다고 해야 할지 아니면 창피하다고 해야 할지, 이런 비인간적인 논리가 뜨악할 따름이다. 중국도 "빅데이터 프로젝트", 즉 보상과 처벌을 위한 일종의 사회적 벌점 제도를 도입하겠다고 나섰다. 창피 주기로 도덕적 경각심을 일깨우겠다는 전략이다. 사람을 기둥에 묶어 창피를 주던 중세의 형벌이 부활하기라도 하는 것일까. 오늘날의 창피 주기는 훨씬 더 강력하고 잔혹하다. 인터넷이라는 거대한 공간에서 이뤄지는 창피 주기에는 시간과 공간의 제약마저 없다.

창피 주기의 종류와 그 효과

창피는 부끄러움과는 약간 다르다. 부끄러움은 당사자가 자신을 보호하려는 감정인 반면, 창피 주기는 주변 사람에게 치욕을 안기는 행동이다. 부끄러움은 반성을 뜻하지만, 창피는 괴롭힘이다. 스위스 정신과 전문의 다니엘 헬Daniel Hell은 창피 주기의 종류를 다음 네 가지로 정리한다.

- **굴욕 주기**: 타인을 무릎 꿇려 "왜소하게 만드는 것"을 목표로 한다.
- **관계 단절**: 갑자기 관계를 끊자고 하거나, 집단에서 따돌림을 시키는 것은 "너는 함께할 가치가 더는 없다"는 신호를 주어 창피하게 만드는 방법이다.
- **폭로**: 상대방의 지극히 개인적인 일이나 은밀한 비밀을 공개적으로 까발려 창피를 주는 방법이다.
- **침해**: 신체적으로나 심리적으로 선을 넘는 침해는 이를테면 성추행처럼 트라우마를 안겨 준다.

미국의 법의심리학자 월터 토레스Walter Torres와 레이먼드 버그너Raymond Bergner가 함께 발표한 논문에 따르면, 창피 주기의 효과는 괴롭힘이 악의적으로 이뤄졌는지, 아니면 불가항력에 따른 것인지에 따라 받아들이는 정도가 달라진다. 다시 말해서 희생자가 자신이 당하는 창피가 근거가 있는 것인지 아니면 뜬금없는 음해인지에 따라 달라지는 것이다. 또한 당사자의 주요 활동무대, 젊은 세대에게는 주로 인터넷인데, 중시하는 영역인지에 따라서도 창피 주기의 효과는 달라진다. 피부색이 다르다는 이유로 자행되는 것인지 등 고정된 편견에 의한 창피 주기인지도 주요 변수다. 인간은 자신의 가치가 무시당한다고 여길수록, 그래서 자신의 자아가 무너졌다고 느낄수록 더 강하게 증오를 키우게 된다.

도스토옙스키가 1864년에 발표한 작품『지하 생활자의 수기』는 창피 주기가 어떤 위력을 발휘하는지 아주 인상 깊게 묘사하고 있다.* 지하실에서 홀로 사는 남자는 자신의 속내를 이렇게 털어놓는다.

"나는 가족이 없이 자랐다. 아마도 그래서 나는 감정이 이처럼 메마른 모양이다. … 먼 친척 덕분에 기숙학교로 보내지기는 했다. 하지만 이후 친척은 소식이 끊겼다. 그들은 나를 짐짝처럼 다루며 학교로 실어다 주었다. 틈만 나면 욕설에 꾸지람부터 하는 어른을 보며 속이 너덜너덜 넝마처럼 찢어져 할 말을 잃었으며, 모든 것을 그저 불신과 의심의 눈길로 보았다. 동급생들은 나를 무자비할 정도로 못되게 조롱했다. 나는 그들과 비슷한 점이라고는 눈을 씻고 봐도 없었으니까. 나는 비웃음을 견딜 수가 없었다. 그렇다고 저들이 서로 어울리는 그런 싸구려 방식으로 잘 지내고 싶은 생각은 없었다. 함께 어울리려 하지 않는 나를 저들은 곧바로 미워했으며, 나는 두렵고 괴롭기는 했지만 조촐한 자존심으로 버텼다. … 내가 그들에게 사랑받고 싶었던 것은 아니다. 아니 오히려 반대로 나는 저들이 나를 짓밟아 창피를 주고 굴욕을 당했으면 하고 갈망했다."

---

* 국내에 "지하에서 쓴 수기", "지하로부터의 수기" 등 여러 제목으로 번역되었다. 2018년 판본을 참조했다.

몸매 조롱

오늘날 특히 소셜네트워크에서 "몸매 조롱Body shaming"이라는 창피 주기가 횡행하고 있다. 이는 사람의 외모를 의도적으로 조롱하는 저열한 행동이다. 인터넷의 위력만큼이나 이 창피 주기 위력도 대단하다. 건강과 관련한 심리를 연구하는 미국의 심리학자 제니퍼 슈미트Jennifer Schmidt가 "몸매 조롱"이라는 개념을 주창했다. 그는 이 개념을 "묻지 않았음에도 상대방의 몸을 두고 부정적 의견이나 촌평(키, 몸매, 체중, 몸이 보이는 여러 형태, 팔과 다리의 부조화)을 늘어놓아 창피를 주는 행위"라고 정의한다.

몸매 조롱이 더욱 끔찍한 이유는 부당한 선입견을 당연한 것으로 여기게 한다는 데 있다. 희생자는 일상생활이 어려울 정도로 심리적 압박에 시달린다. 관련 연구는 몸매 조롱을 다음과 같이 구분하고 있다.

- **내적인 몸매 조롱**
  자신의 몸에 열등감을 느끼는 유형(예: "내 코는 너무 커").
- **노골적인 몸매 조롱**
  일반론처럼 아무렇지도 않게 말하지만 당사자가 직접 상처를 입는 유형(예: "뚱뚱한 건 건강에 안 좋아").
- **손으로 입을 가리고 수군거리는 험담**
  댓글을 읽거나 듣지 않았음에도 조성된 "분위기"만으로 당사자가 조롱받는 유형. 주로 학급에서 일어나는 따돌림이 이에 해당함.

몸매 조롱은 자존감을 직접 겨누며, 희생자는 대개 거식증, 중독, 우울증에 시달린다. 몸매 조롱의 과정과 결과는 앞서 다룬 신체이형장애의 경우와 비슷하다.

세뇌로 미치게 만들기 — 가스라이팅

물리적 폭력으로 증오를 표출하던 방법은 점차 사라지고 상대의 심리를 조종하고 조작하는 기술이 부상하고 있다. 대놓고 행해지는 조롱과 경멸, 냉소적인 비웃음과 침묵, 집단적 따돌림과 스토킹이 최근 빈발하고 있는 것이다. 감정적 조작으로 희생자를 불안한 상태에 빠뜨리는 "가스라이팅Gaslighting"이 대표적이다. 영국의 극작가 패트릭 해밀턴Patrick Hamilton(1904~1962)의 작품 『가스등Gaslight』에서 유래한 표현이다. 해밀턴은 가스라이팅을 매우 인상 깊게 묘사한다. 주인공의 남편은 아내에게 그녀가 감지한 것들을 자신은 전혀 보지 못한다고 능청을 부린다. 아주 가까운 관계에서만 통하는 가스라이팅 방법은 희생자에게 그가 전혀 하지도 않은 일을 왜 했느냐고 다그치거나, 희생자가 한 적도 없는데 왜 그런 소리를 하느냐며 따지는 식이다. 이로써 희생자의 기억과 현실감각은 속절없이 흔들린다. 없던 말이 생겨나고 진실은 왜곡된다. 그 밖에도 희생자는 비난에 시달리며 핀잔을 듣는다. 난무하는 평가절하, 비난, 무슨 병에라도 걸린 거 아니냐는 힐난으로 희생자는 불안의 늪에 빠진다. 곧 자신의 머릿속을 의심하기 시작하고, 사회적으로 고립된다.

가해자는 가스라이팅이라는 방법을 쓰고 있다는 사실을 의식하지 못하는 경우가 많다. 특히 나르시시즘 성향이 강한 사람은 이 기술을 본능적으로 타고난 것처럼 능수능란하게 구사한다. 가스라이팅은 아동 성추행과 감정적 갈취에서도 흔히 악용된다. "세뇌 효과"를 유발하기 때문이다. 사이비 종교, 권위적 조직, 전체주의 정권 등에서 다양하게 활용된다.

가스라이팅은 세뇌의 일종이다. 피해자는 거듭되는 조작에 혼란과 불안, 자신감 상실과 자존감 파괴에 시달린다. 심지어 두려움과 극한의 공포에 사로잡혀 극단적 선택을 하거나, 오랜 시간에 걸친 우울증으로 망상에 사로잡히기도 한다. 희생자는 말 그대로 미칠 수밖에 없다!

치매는 아니다

"저 알츠하이머예요! 제발 검진해 주세요, 증상이 너무도 분명합니다." 여인은 절망한 목소리로 이렇게 호소했다. 58세의 그녀는 잘 관리된 깔끔한 용모에 교양 있는 분위기를 풍겼지만 불안이 역력했다. 예전에 정신과를 찾은 적은 없었고, 늘 자신은 건강하다고 느끼며, 일상의 모든 문제를 스스로 감당해 왔기에 충격이 큰 모양이었다. 그녀는 병원을 찾는 걸 오랫동안 망설였다. 하지만 이제 달리 어쩔 수 없다는 절박함이 진료실로 이끌었다. 무엇보다도 전문의에게 진단을 받아 정확한 상태를 확인해야만 했다. 벌써 몇 달 전부터 무기력하고 초조했으며, 아주 작은 소리에도 움찔거렸다. 사소한 일도 힘겹기만 했으며 걷잡을 수 없는 위기에 빠졌다는 느낌을 지울 수 없었다. "잠을 거의 못 잡니다. 몇 시간이고 뒤척거리기만 해요." 가장 힘든 것은 망각 증상이었다. 사소한 것뿐만 아니라, 과거의 중요한 일은 물론이고 불과 며칠 전 일도 전혀 기억하지 못했다.

나는 내담자에게서 우울과 절망을 느꼈다. 불안과 두려움도 커 보였다. 하지만 우울증과 같은 질환은 아니었으며, 일종의 탈진에 가까워 보였다. 정체불명의 두려움이 너무 컸다. 첫 번째 면담에서 분명하게 확인할 수 있었던 것은 알츠하이머나 치매는 아니라는 점이었다. 오히려 정반대로 여인의 정신은 또렷했으며, 그 어떤 손상의 조짐도 보이지 않았다. 주목할 것은 건망증과 관련한 그녀의 발언이다. "남편과 함께 겪었던 많은 일들이 기억나지 않아요. 구체적으로 함께 여행 가서 무슨 체험을 했더라? 그동안 어떤 대화를 나누었지? 그때마다 나는 무슨 말을 한 거야? 통 기억나는 게 없어요." 그녀는 이렇게 말하며 처음으로 남편을 언급했다. 남편은 육체적으로나 정신적으로나 자신보다 훨씬 더 건강하다고 했다. "뭐 나한테 대단히 사랑스럽게 굴지는 않아요. 하지만 늘 분명하고 단호하죠." 남편과의 관계를 묻는 물음에 그녀는 별로 말하고 싶지 않다는 분위기를 풍기며 애매한 태도를 취했다. 한편으로 그녀는 남편을 극찬하면서 그의 지배적 위치를 수용하고 있었다. 다른 한편으로 그녀는 남편의 위압적이고 냉소적인 태도와 때로는 비굴해 보이다가 때로는 마초처럼 구는 변덕에 불만을 표했다. "그는 사랑스럽기는 하지만 이따금 정말 못 말리는 나르시시스트죠." 그녀는 자신이 대단히 부유한 집안 출신이며, 어떻게 해서 평범한 회사원과 사랑에 빠지게 되었는지 이야기했다. 그녀는 거의 빈민에 가까운 집안 출신임에도 열심히 노력해 미래를 개척하는 그의 모습에 깊은 감명을 받았다고 했다. 또 자신에게 정성을 다하는 남자가 좋았다고도 했다. 이렇게 해서 가난한 청년은 결국 여자와 결혼했다. 남편은 장인이 딸에게 물려준 회사를 책임지고 성공적으로 경영했다. 하지만 세월이 흐르면서 부부는 갈수록 소원해졌다. 결국 여인은 남편이 자신을 사랑한 게 아니라, 재산을 보고 결혼했다는 사실을 깨달았다. 남편은 오로지 사업에만 관심이 있고 아내에게는 소홀했다. 남자는 아내에게 회사의 지분을 넘겨달라고 요구했다. 아내가 동의해 주지 않자, 남자는 때로는 애걸하다가 때로는 위협도 했다. 계속해서 남편은 자신이 재산을 관리하는 게 좋겠다고, 당신은 잘 몰라서 관리가 어려울 거라고 을러댔다. 끊임없이 남자는 여인에게 능력이 부족하다, 실수가 잦다, 뭐든 잘 잊어버린다고 다그쳤다. 이런 시달림 끝에 여인은 정말 자신에게 문제가 있다고 믿게 되었으며, 인터넷에서 꼼꼼하게 검색한 끝에 이런 결론을 내렸다. '나는 알츠하이머에 걸렸다.'

나는 전문의로서 소견을 밝히고, 그녀를 진정시키기 위해 필요한 모든 진단, 컴퓨터 단층 촬영을 비롯해 심리 테스트까지 실행했다. 진단 결과는 분명했다. 그녀의 두뇌에는 아무 이상이 없었으며, 치매는 조짐도 없었다. 그녀는 남편에게 "가스라이팅"을 당하고 있었던 것이다.

인간성 말살

증오의 가장 무서운 무기는 인간성 말살이다. 이 무기는 일체의 인간성을 파괴한다. 상대는 영혼이 탈탈 털린 나머지 인간 이하의 존재로 전락하고 만다. 악의적인 험담과 모략, 동물이나 물건 또는 쓰레기에 빗대는 욕설(예를 들어 쥐새끼, 똥파리, 때만도 못한 놈, 구더기…) 또는 정신이나 신체의 결함(대가리는 장식으로 달고 다니냐, 똥구멍이나 핥는 놈) 따위로 조롱과 경멸은 인격을 말살한다. 피해자는 인간의 전형적 특성을 부정당한다(괴물, 공감이라고는 모르는 야수, 뻔뻔한 기생충).

인간성 말살은 도덕을 무력화하고 폭력으로 지배하려는 저의를 유감없이 드러낸다. 보통 가해자는 터무니없는 자신감, 무책임함, 공격성 통제력의 상실, 무뎌진 감정 등을 보이는데, 이런 특성은 가해자를 몽환적 상태에 빠뜨릴 정도로 자아도취적이며, 같은 취향의 무리를 결속시키기도 한다.

특히 전체주의 정권과 전쟁 당사국은 선동의 수단으로 인간성 말살을 거침없이 활용한다. 반대파를 탄압하고, 이른바 "청소", 인간을 두고 이런 단어를 쓴다는 것 자체가 끔찍하기만 한데, 아무튼 "청소"와 소수 민족 박해를 획책하고자 인간성 말살이 시도된다. 적은 해충, 기생충, 병원균, 벌레라는 낙인을 뒤집어쓴다. 이런 죽음의 말장난이 벌어지는 이유는 간단하다. 잘못의 모든 책임을 상대에게 떠넘기려 하기 때문이다. "선모충과 바실러스Bacillus"를 박멸하고 "창궐하는 해충"을 짓밟는 사람은 살인을 하는 게 아니라 사회에 유익한 선행을 하는 것이기 때문이다. 반유대주의의 이런 표현으로 히틀러는 혐오를 부추기며 대량실업과 불황이 빚어진 책임을 유대인에게 떠넘기려 했다. 아돌프 히틀러는 『나의 투쟁Mein Kampf』(1925)에서 유대인은 인간이 아니라 병원균이라고 했다.

"유대인은 예나 지금이나 남에게 빌붙는 기생충, 먹고살기 적합한 조건만 제공되면 창궐하는 해로운 박테리아다. 유대인은 그 존재만으로도 기생충과 같은 해악을 끼친다. 어디든 유대인만 나타났다 하면 자국민이 죽어 나간다. 차이는 빠른가, 시간이 걸리는가 하는 것일 뿐이다."

히틀러의 나팔수 괴벨스는 빌나*의 게토를 돌아보고 이렇게 썼다.

"유대인은 문명사회를 살아가는 인류를 괴롭히는 이들이다. 어떻게든 잡아 죽이지 않으면 피를 빨아먹으며 인간에게 큰 고통을 안긴다. 잔혹하게라도 짓밟지 않으면 절대 사라지지 않고 계속 우리의 피를 빨리라."

스탈린 치하의 소비에트에서 트로츠키주의 정당 간부들을 상대로 열린 인민재판에서 검사는 피고들을 가리키며 말했다.

• 빌나Vilna는 리투아니아 수도 빌뉴스Vilnius의 옛 이름이다.

"여우와 돼지가 붙어먹어 낳은 저주받을 괴물들…, 이 비루먹은 개들은 총으로 쏴 죽여야 마땅하다."

르완다의 후투족 준군사조직이 소수 민족 투치의 4분의 3을 무차별 학살하기 전 그들은 무차별적으로 폭력을 행사하며 "원숭이, 뱀, 벌레, 바퀴벌레, 모기 같은 것들은 죽여 버리자!"라고 선동했다.

전쟁에서 군인은 '정신교육'을 받으며 이 싸움은 피와 살로 이뤄진 인간, 개인의 소중한 추억과 사랑하는 가족을 가진 인간이 아니라, "이교도와 무신론자" "붉은 피부와 검은 피부" "아무짝에도 쓸모없는 식충과 살 가치가 없는 인생" "부랑자와 쓰레기"를 죽이는 것일 뿐이라고, 인간을 죽이는 것은 아니라고 배운다.

인간성 말살보다 더 철저하게 증오를 부추기는 것은 없다. 증오의 그 어떤 수단도 인간성 말살보다 무자비하지 않다.

chapter 14

증오 극복 10단계
— 나를 모조리 태워 버리기 전에 알아야 할 것들

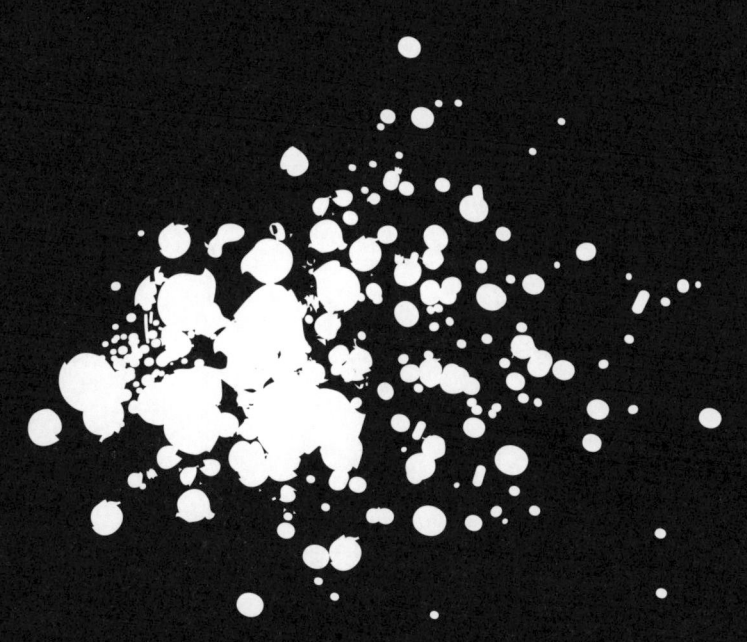

Die dunkle Leidenschaft
Wie Hass entsteht und was er mit uns macht

> "이 모든 쓰라림에도 나는 여전히 인간은
> 가슴속 깊이 선함을 간직하고 있다고 믿는다."
>
> 안네 프랑크 Anne Frank

자기 자신부터 살펴야 증오를 극복하는 길을 찾을 수 있다. 내가 품은 증오를 처리하고 이겨 내지 못한다면, 냉소적인 태도와 행동을 깨끗이 버리고 풀어 버리지 못한다면, 일상의 짜증을 털어 내고 공격성을 다스리지 못한다면, 증오로부터 자유로운 사회는 우리 앞에 도래하지 않는다.

어떻게 우리는 증오로부터 자유로울 수 있을까? 다음 10단계는 이 물음에 대한 답을 찾는 데 도움을 줄 것이다.

1. 내가 품은 증오를 인지하고 인정하자.
2. 증오를 직접 거론하고, 무엇이라 불러야 좋을지 이름을 붙이자.
3. 원인을 분석하자.
4. 내가 지금 증오하는 대상의 입장이 되어 생각해 보자.
5. 증오가 어떤 결말을 불러올지 곰곰이 따져 보자.

6. 사람을 한 부분이 아닌 전체로 관찰하자.

7. 공격성을 건설적으로 이용하자.

8. 유머를 잊지 말자.

9. 집착을 버리고 여유를 배우자.

10. 용서하자.

인지하기 & 인정하기

정신적인 문제든 신체 건강과 관련한 문제든 그 예방과 극복, 치료를 위해서는 가장 먼저 문제 자체에 대한 인지가 선행되어야 한다. 물론 증오는 다른 여러 감정보다 더 속에 감추고 드러내기를 금기시하는 통에 정확한 인지가 쉽지 않다. 특히 우리는 공격성, 불안정한 감정, 극도의 예민함과 노심초사 등을 최대한 감춘다. 그러나 속에 담아 둔 증오로 몸이 이상을 일으켜야 비로소 내 안의 증오를 깨닫게 된다. 무엇이든 투명하게 드러내 보여야 극복할 수 있다. 벌거벗겨야만 광기를 잃는다. 그래야 증오의 마력이 사라진다.

신비의 너울을 거둬 내야만 한다. '아, 내가 이토록 증오하고 있구나' '열병을 앓고 있구나' 하고 솔직히 인정해야 증오의 실상을 목도할 수 있다. 나의 증오와 대결하는 일은 간단하지 않다. 나라는 사람은 누구인지, 무엇을 꿈꿔 왔으며, 이를 이루기 위해 어떻게 노력해 왔는지, 내 안의 가장 깊숙한 곳에 얼마나 오래된 응어리가 있는지 털어놓기란 쉽지 않기 때문이다. 하지만 자신의 증오와 마주하고, 그 탓에 다른 감정이 억눌리고 무시되는 것은 아닌지 물을 수 있어야 한다. 파괴적인 감정에 사로잡혀 오히려 내 인생을 그르치는 것은 아닌지 물어야 한다.

솔직하기 & 이름 붙이기

무어라 해야 할지 모르는 것에 이름을 붙이는 일은 어렵다. 증오의 인지와 극복에서도 이 단계가 가장 까다롭다. 증오는 평판이 좋지 않으며 죄책감을 불러일으키기 때문에, 이 나쁜 생각과 불쑥 치미는 충동을 솔직하게 밝히는 데는 용기가 필요하다.

 자신의 심리를 분석하고 뭐라 해야 할지 곤란한 감정에 이름을 붙일 때 우리는 주인의 자리를 되찾게 된다. 비로소 마음의 여유를 얻고 땅바닥에 떨어진 자존감이 회복된다. 특히 전모를 가늠하기 힘든 부정적 기분을 말로 정리해 표현할 때 힘겨웠던 감정은 누그러진다. 정체가 확인되어 대면할 수 있게 된 감정은 더 이상 불안과 공포를 야기하지 못한다.

 '이름 붙이기'라는 '의인화'는 모호한 감정을 정리하는 데 큰 도움을 준다. 증오에도 딱 맞는 이름을 붙여 주면 뭐가 뭔지 알 수 없던 모호함과 복잡함이 사라져 우리는 그것을 쉽게 다룰 수 있다. "이제 그만해, 친구야!" "나 좀 편안하게 해 줘, 꼬마야!" "하긴 네가 늘 그 모양이지" 하는 여유는 증오를 넘어설 에너지를 준다.

원인 분석하기

무시하고 외면하며 다른 사람에게 책임을 떠넘기는 태도는 증오를 끌어안고 살겠다는 것과 다르지 않다. 앞서 인용한 바 있는 철학자 앙드레 글뤽스만은 자신을 되돌아보는 반성이 "가소로운 증오를 웃어넘길 수 있게 해 준다"라고 했다. 마르크스주의 문학 이론가 테리 이글턴 역시 증오가 "철학적 성찰"과 "정신적 훈련"으로 극복될 수 있다고 보았다.

일상에서 증오를 자극하는 요인, 이를테면 긍정적 공감의 결여, 빈정댐, 침묵, 도발 따위의 요인은 자신의 힘만으로도 다스릴 수 있다. 중요한 것은 증오에 대항하는 적극적 자세이다. 예를 들어 파트너에게 불만이 있다면 속 끓이며 삭이려 하지 말고 솔직하게 말하도록 하자. 그리고 선의를 잃지 말고 상대를 존중하며 너그러운 마음으로 응대하자. 상대의 좋은 점을 찾아 칭찬하자.

그러나 노이로제, 공감 결여, 질투, 시기심, 화병 또는 죄책감이 심각한 지경이라면, 전문적인 치료를 받도록 하자. 증오의 원인을 정확히 밝히고 치료하는 데에는 상담이 큰 도움이 된다.

감정이입과 관점의 전환

여타의 심리적 문제에 대한 대응이 그러하듯 공감 능력을 되살려 세심하게 보살피는 일도 중요하다. 상대의 감정을 헤아리지 않고,

섬세한 배려로 호감과 공감을 키우지 않는다면, 즉 서로 존중하는 관계가 이루어지지 않는다면, 사회적으로든 개인적으로든 증오는 사라지지 않는다.

그저 착한 소리나 늘어놓자는 얘기가 아니다. 심리학을 지나치게 맹신하는 것도 아니다. 철학자 한스게오르크 가다머Hans-Georg Gadamer(1900~2002)가 남긴 말은 두고두고 곱씹을 만하다.

"어떤 사람의 눈을 들여다본다는 것은 그를 죽일 수 없음을 뜻한다."

상대방과 툭 털어놓고 대화를 나누어야만 우리는 상대가 실제 어떤 생각을 하고 있고 어떤 감정인지 파악할 수 있다. 심리 치료가 중시하는 전이轉移와 역전이逆轉移, 간단히 말해서 감정을 주고받는 소통, 우리는 오직 소통을 통해서만 상대의 생각을 실제로 경험할 수 있다. 그럴 때야 비로소 상대는 증오의 대상이 아니라, 전체 면모에서 파악되는 한 인간으로 우리 앞에 서게 되는 것이다.

증오가 익명이나 가상의 존재가 아니라 피와 살을 가진 인간, 욕구와 근심을 가진 구체적 인간을 겨눈다는 경험은 증오를 다스릴 가장 효과적인 수단이 된다. 사람은 서로 머리를 맞대고 의견을 나눌 때 상대를 진지하게 받아들이고 존중하는 법을 배운다. 그리고 대화는 상대가 무슨 생각을 하며 어떤 이유로 그런 행동을 보이는지 직접 경험하게 해 줌으로써 각자의 근심을 상당 부분 해소해 준다.

프랑스의 작가이자 철학자 장자크 루소Jean-Jacques Rousseau(1712~1778)

는 증오를 이성적인 방법으로 다스릴 수 있을지 의심했다. 루소는 적을 사랑하라는 율법으로만 증오를 극복할 수 있다고 생각했다. 증오는 지나치게 강한 자기애 탓에 생겨난다고 여겼기 때문이다. 그런데 자기애란 결국 자기보존과 방어에 기여하는 감정이다. 그렇다면 증오의 상대 역시 자신을 지키려고 안간힘을 쓴다는 것을 이해할 수 있지 않을까? 루소는 인간을 그 전체로 관찰하는 태도와 공감을 함께 묶어 영원한 충고를 남겼다.

"네가 증오하는 사람을 더불어 살아가는 사람으로 받아들이려 노력하라!"

미움의 후유증 고려하기

증오는 증오의 주체는 물론이고 상대에게도 위중한 영향을 미친다. 특히 피해자는 매우 심각하고 광범위한 후유증에 시달린다. 후유증의 양상은 피해자의 예민함의 정도, 비슷한 일을 당했던 경험, 심리적 저항력, 극복 및 회복력에 따라 상이하다. 혐오 메시지와 행동의 종류, 그 지속성도 함께 살펴야 한다. 또한 증오는 어디까지나 사회적 상호작용이기 때문에 가해자와 피해자의 평소 관계도 고려 대상이다. 익명의 혐오 댓글보다 실명의 혐오 메시지가 훨씬 더 큰 폐해를 안기며, 집단을 향한 증오보다 개인에 대한 증오가 더 치명적이다.

증오는 피해자에게 감정적 긴장, 상심, 과도한 중압감, 불안, 두려움 등 엄청난 스트레스를 안기고 실제로 신체 건강까지 망가뜨린다. 안전하고 편안하다는 느낌의 상실은 두려움과 우울증, 자존감 상실과 실패의 두려움, 그리고 열등감을 부른다. 특히 사랑을 잃는 게 아닐까 하는 두려움은 자신감마저 완전히 무너뜨릴 수 있다. 호흡 곤란, 소화 불량, 심박 장애와 더불어 불면, 고민 등으로 삶의 질은 곤두박질친다. 정신과 전문의의 치료를 받아도 그 악영향을 방어할 수 없는 심각한 지경에 이르기도 한다. 지속적인 증오에 노출된 사람은 극도의 경계심으로 인해 적대감에 사로잡힐 수밖에 없다. "적이 나를 노린다는 두려움"은 피해망상까지 야기하기도 한다.

증오의 주체 역시 압박에 시달리는 것은 마찬가지다. 상대를 공격하겠다는 일념에 사로잡혀 마음의 여유가 사라진다. 증오 상대의 입장에서 생각하고 느끼는 감정이입을 통해 공감 능력을 회복해야만 악순환은 끝을 맺는다. 상대도 나를 증오하며 해를 끼치는 건 아닐까 하는 자문은 반드시 필요하다. 오직 공감 앞에서 증오는 목표와 의미를 잃는다.

증오 상대를 전체적으로 바라보기

상대의 다름을 인정하자. 그리고 상대를 특정 부분이 아닌 전체로 바라보고 파악하자. 한 사람을 부정적 특징이나 거부감을 불러일으키는 행동 하나로 판단해서는 곤란하다. 인간은 그런 존재가 아니다. 비정상적인 심리와 장애는 1차원적인 것이 절대 아니며, 오직 포괄적인 분석을 통해서만 설명될 수 있다. 정신의학을 비롯한 오늘의 의학은 "생체심리 모델"을 중시한다. 이 모델은 질병과 아픔의 원인을 찾아내는 데 있어 몸만이 아니라, 심리와 사회적 원인을 함께 고려한다. 한마디로 사람을 하나의 전체로 바라보는 이 접근 방식은 "질병 발생적 측면Pathogenesis(병의 근원과 진행 과정을 살피는 이론)"과 더불어 "건강 근원적 측면Salutogenesis', 즉 건강을 증진하는 요소를 함께 살핀다.

인간은 누구나 선한 면을 지니며, 이를 건설적으로 발전시키려 노력한다. 증오를 품는다고 선이 사라지지는 않는다. 어떤 사람을 이상화하는 것도, 악마화하는 것도, 그의 전모를 파악할 수 없다. 열린 자세로 모든 측면을 함께 고려하고 다름을 인정해야만 온전히 파악할 수 있다.

전인적 관찰과 만남은 공감과 관용과 더불어, 주체성을 존중할 때 이루어진다. 이 책이 지금까지 설명해 온 증오, 곧 원초적이고 무차별적이며 개인의 모든 특성을 짓밟는 감정인 증오는 전인적 관점과 대척점에 있다.

공격성을 긍정적으로 이용하기

사회든 개인이든 파괴적 공격성을 긍정적으로 승화할 때 증오가 다스려진다. 증오를 해소할 대안을 모색하는 것이 관건이다. 건강한 경쟁, 창의적 발상, 문화 활동, 스포츠와 몸을 쓰는 노동이 그 대안이다. 에너지가 생산적 일에 집중되면 파괴적인 에너지도 그만큼 소진된다. 증오의 숨통이 조여지는 격이다.

한편 판타지를 통해 증오를 풀어 내는 일이 증오 해소에 도움을 주는지 아니면 더욱 키우는지의 문제는 여전히 논란의 대상이다. 증오를 가상으로 체험할 수 있게 해 준다는 점에서 순화의 효과를 발휘하기는 한다. 그러나 상상 속에서 공격성을 키움으로써 증오가 더욱 심해질 수도 있다.

우리 내면의 공격성을 지혜롭게 길들여 사회적으로 피해를 일으키지 않도록 관리해야 한다. 개인뿐만 아니라 사회 전체가 신경 써야 하는 문제다.

유머로 여유롭게

합리주의 철학자 바뤼흐 스피노자는 증오를 극복할 인간 영혼의 결정적인 힘은 유머에서 나온다는 사실을 간파했다. 증오는 "외적인 원인으로 빚어지는 서글픔"이라는 정서이기 때문이다. 이런 감정은 외부 요인의 정체를 정확히 알아서라기보다는 우연한 연상으로 생겨난다. 다시 말해서 어떤 사건을 보고 당사자가 자신과 관련한 불이익을 연상하고 품게 되는 것이 증오인 셈이다. 연상을 차단할 수 있다면 증오 역시 사라지는데, 이 차단의 방법이 바로 유머이다. 너그럽게 웃어넘길 때 증오는 발을 붙이지 못한다.

스피노자는 적을 보며 증오를 느낄 때 관대함을 추천한다. 증오를 빚어낸 원인이 무엇인지, 왜 내가 그 원인을 보게 되었으며 나에게 불이익이 생기리라 연상했는지 가려볼 수 있다면, 심지어 유머라는 양념으로 맛깔나게 웃어넘길 수 있다면, 증오에 공급되는 연료를 차단할 수 있다.

유머가 증오 극복에 도움을 준다는 견해에는 오스트리아 여성 철학자 우르줄라 렌츠Ursula Renz도 동의한다. 앞서 인용한 철학자 헤르만 코헨도 마찬가지로 증오를 이겨 낼 근본적인 힘은 유머에 있다고 보았다. 유머는 적과 화해할 길도 열어 준다고 코헨은 미소 지었다. 위대한 정신분석학자 알프레드 아들러는 20세기 초에 환자와 상담하며 늘 큰 소리로 웃었다고 한다. 그리고 오스트리아 출신의 유대인으로 강제수용소를 세 곳이나 거치고도 살아남은, 로고테라피Logotherapie('의미 치료'라고도 함)와 실존분석의 창시자인 빅터 프랭클Viktor Frankl 역시 트라우마를 이길 수 있게 해 주는 구원의 힘이 유머에서 나온다고 했다. 프랭클에게 유머는 최고의 생존전략이었다.

오늘날 심리 치료도 "유머 치료"라는 방법을 자주 쓴다. "리프레이밍Reframing", 곧 관점을 바꿔 생각의 틀을 다시 짜는 방법이다. 유머는 특히 "두려움을 뒤집는 효과"가 탁월해 긴장을 풀어 준다. 이는 증오 극복에도 큰 도움을 주는 방법이다. 예를 들어 증오 상대를 무시무시한 괴물이 아니라, 이를테면 만화영화 〈개구쟁이 스머프〉에 등장하는 우스꽝스러운 캐릭터 가가멜로 바라본다면 섬뜩함 대신 피식 실소가 터질 것이다.

탁월한 유머는 거리를 두고 여유를 되찾는 회피 전략보다 훨씬 더 뛰어난 효과를 발휘한다. 유머는 긴장을 풀어 주고 카타르시스를 선사하기 때문이다. 증오를 웃어넘기는 데 성공할 때, 우리는 증오에 거리를 두고 어떤 문제든 여유롭게 응대할 수 있다. 오스카 와일드Oscar Wilde(1854~1900)는 그 누구도 모방하기 힘든 필치로 이렇게 묘사했다. 그의 단편 「캔터빌의 유령The Canterville Ghost」은 오래된 저택에 사는 유령이 무섭고 섬뜩한 존재가 아니라 비참한 운명에 시달리는 처지임을 순박한 유머로 그려 낸다.

공감과 여유

네 자녀를 둔 미국의 한 가족은 몇 백 년째 유령이 출몰한다는 경고를 무릅쓰고 캔터빌이라는 이름의 저택에 입주한다. 유령은 가족에게 겁을 주려고 소란을 떨지만, 가족은 동요하지 않고 외려 심드렁한 반응을 보인다. 유령과의 첫 만남에서 가장은 걸을 때마다 덜거덕거리는 시끄러운 소리를 내는 유령의 족쇄에 오로라 기름을 바르면 어떻겠냐고 충고한다. 어머니는 유령을 보며 아픈 거 같다고 약을 준다. 아이들은 유령에게 베개를 던지며 "유령 함정"을 만들고 무시무시한 유령의 목에 올가미를 건다.

아무도 유령을 두려워하지 않는 상황에 어떻게 하면 유령 노릇에 충실할 수 있을까 고민하는 이 풍자적인 이야기는 아무것도 아닌 일로 소란스럽기만 한 세상사를 곱씹는 걸작이다. 우수에

젖은 유령은 딸에게 이제는 유령을 그만두고 죽음으로 영원한 휴식을 누리고 싶다고 호소한다. 이 애처로운 호소에 깔깔 웃는 독자는 어느새 죽음과 파괴를 노리는 증오를 다스릴 방법이 무엇인지 깨닫는다. 결국 유령의 소동은 걸출한 유머로 마침표를 찍으며, 몇 백 년째 잠을 이루지 못하고 헤매던 유령은 그 이야기를 듣고 안타까움의 눈물을 흘리는 순진무구한 소녀 덕에, 곧 진정한 공감 덕에 구원을 받는다.

놓아 버리기 또는 툭툭 털어 가벼운 마음가짐

심층 심리학은 증오가 '항문기', 곧 생후 두 살 때 배변 조절을 배우는 단계에 형성된다고 진단한다. 이 시기의 부족한 사랑이나 트라우마는 훗날 강박, 고집, 인색함, 옹졸함의 바탕이 된다. 이렇게 성장한 사람은 대개 우울한 성격으로 증오에 취약하다.

  가벼운 마음가짐으로 증오를 떨칠 때, 증오의 욕구를 참아 내고 충동을 억누를 수 있을 때, 우리는 강박을 이겨 낼 수 있다. 집착을 버릴 줄 알아야 여유를 누릴 수 있다. 앞서 설명한 방법이나 치료로 증오를 버릴 수 있을 때, 우리는 우리를 아프게 하는 다른 여러 감정을 다스릴 수 있는 지위에 올라선다. 놓아 버리기는 증오와 그 모든 부수적인 짐을 벗어 던질 수 있는 해방을 선사한다.

용서는 평화를 뜻한다

증오를 제압하는 가장 효과적이면서도 고결한 방법은 용서이다. 용서는 화해가 아니며, 잊는다는 것을 뜻하지도 않는다. 용서는 오히려 증오와 그 원인을 손에서 놓겠다는 마음가짐을, 무엇보다도 세상과, 그리고 자기 자신과 평화롭게 지내겠다는 다짐을 의미한다. 증오와 결부된 화, 실망, 괴로움, 앙심, 음울함, 우울을 내려놓을 때 우리는 진정한 자유를 누릴 수 있다.

용서는 자기 자신과의 화해이기도 하다. 화해는 긍정적 감정이 들어설 공간을 마련해 주고, 무기력 대신 자유를, 두려움 대신 자신감을, 증오 대신 공감을 선물해 준다. 그리고 용서는 자존감을 높여 준다. 마하트마 간디Mahatma Gandhi(1869~1948)는 상처받은 이들의 가슴에 오래도록 기억될 명언을 남겼다.

"약자는 용서할 수 없다. 용서는 강한 사람만이 보여 줄 수 있는 특성이다."

chapter 15
증오로 얼룩져 가는 사회에서 벗어나는 법

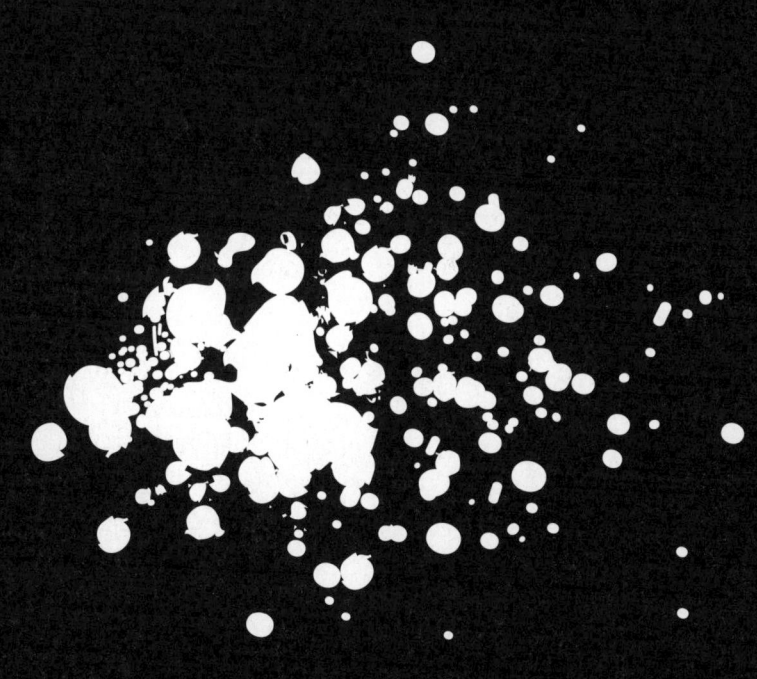

Die dunkle Leidenschaft
Wie Hass entsteht und was er mit uns macht

> "사랑이 자라는 곳에 생명이 번성하며,
> 증오가 고개를 들 때 몰락이 찾아온다."
>
> 마하트마 간디

증오가 사라진 낙원이 실현될 수 없는 꿈이라 할지라도, 증오를 극복하는 일은 문명사회의 가장 중요한 지향이어야 한다. 이 목표를 어떻게 이룰 수 있을까? 어떤 대책이 증오를 인간의 심장과 사회 곳곳에서 사라지게 할 수 있을까? 늘 거론되는 해묵은 윤리의 널리 퍼진 원칙은 "인간 행동의 상호성을 강조하는 황금률"이다. "다른 사람이 너에게 하지 않기를 바라는 일은 남에게도 하지 말라." 좀 더 긍정적으로 다듬으면 『성경』의 구절처럼 이런 뜻이다. "남에게 대접을 받고자 하는 대로 너희도 남을 대접하라." 공자(기원전 551~479)는 『논어』에서 이렇게 말한다. "귀중한 손님을 맞이할 때와 똑같은 공손함으로 사람을 대하라. 소중한 제물을 바칠 때와 똑같은 경건함으로 사람을 대하라. 너 자신이 원치 않는 것을 다른 사람에게 하지 말라. 그럼 너에게 어떤 화도 미치지 않으리라." 인간의 생각과 느낌과 행동이 이 모든 위대한 가르침이 강조하는 원칙에 맞추어진다면, 증오라는 문제는 깨끗이 사라질 것이다. 그러나 증오의 바탕인 공격성은 인간의 기본 감정 가운데 하나이며, 사악함은 자유의 대가인 탓에, 문제를 해결할 방법은 오직 증오 에너지를 건설적인 방향으로 돌려 그 파괴적 특성을 덜어 내는 것뿐이다. 증오 에너지의 건설적 전환은 이 엄청난 힘의 뿌리를 찾는 데서 시작한다. 개인이 겪는 괴로움, 트라우마, 질투와 시기심, 경쟁 상대와의 대결이 그 뿌리의 면면인데, 저마다 자기 심장이 들려주는 목소리에 귀를 기울여 이 뿌리를 찾아야 한다. 또한 증오를 허용하거나 조장하지 말라고, 은폐하거나 별거 아니라고 둘러대지 말라고 사회에 요구해야 한다. 증오를 키우는 집단의 동력을 차단하고, 인터넷이라는 거대한 공간이 무법천지로 전락하지 않도록 대책을 세우는 일도 중요하다. 그래야 혐오의 열풍을 막고 혐오 댓글을 인터넷에서 추방할 수 있다. 요컨대 증오에 적극적으로 반대하는 사회 분위기 조성이 시급하다. 이 목표를 이루기 위해 다음 단계들을 유념하도록 하자.

1. 증오에 관한 담론을 금기시하지 말고, 솔직하게 논의할 수 있는 분위기 조성
2. 증오가 어떻게 생겨나며 어떤 후유증을 부르는지 폭넓게 계몽하기
3. 공격성 제어하기
4. 극단적 언어의 순화
5. 창피 주기라는 야만적 행태의 척결
6. 나르시시즘에 물든 사회의 극복

7. 가치 존중 문화의 정립

8. 공감의 장려

금기를 깨는 솔직한 대화

사람들은 대체로 개인의 증오를 외면하고 부정하며 금기시하는 성향을 보인다. 반면 증오를 둘러싼 사회의 논란은 뜨겁기만 하다. 언론은 갈수록 늘어나는 증오 범죄에 대해 비난과 한탄을 일삼을 뿐, 증오라는 현상을 조망하는 데는 관심이 없다. 오히려 언론은 자극적인 보도로 증오 범죄와 언어 또는 댓글을 전파한다. 증오의 시작에서부터 그것이 어떻게 키워지고 어떤 영향을 미치는지, 그 전모를 드러내 보여 주어야 한다. 무엇보다도 사회적 불평등으로 억압받고 불이익을 당해 온 사람들이 증오에 끌리는 원인을 정확히 밝혀야 한다. 나르시시즘에 사로잡힌 나머지 증오를 미화하는 사람일지라도, 있는 그대로의 증오, 즉 냉혹하고 잔인하며 사악한 증오를 확인하면 더는 그것에 끌리지 않는다.

프랑스의 저술가 앙드레 글뤽스만은 증오의 실상을 분명하게 확인해 주었다. 2005년에 발표한 책 『증오 논의 Le Discours de la haine』에서 그는 이렇게 말했다.

"나는 증오를 혐오할까? 아니, 전혀 그렇지 않다. 나는 증오가 얼마나 완고하며 폭력적인지, 무엇보다도 파괴의 의지를 끝까지 밀어붙이도록 무자비하게 강요하는지 깨달았다. 증오는 신과 동격인 것처럼 군다. 증오는 창조의 알파와 오메가를 결정하며, 무슨 짓이든 해도 된다는 듯 개구리처럼 펄쩍펄쩍 뛰면서 천둥 번개를 무기로 가진 주피터처럼 행세한다. 정신이 올곧고 일체의 환상이 없는 현실주의자는 증오의 한계를 명확히 알고 증오의 치명적 망상에 맞서 싸운다."

글뤽스만은 혐오 분위기에 물들어 가는 사회의 변화를 정확히 짚어 냈을 뿐만 아니라, 증오에 대항할 효과적인 방법도 알려 주고 있다. 증오를 혐오하면서 무력감에 빠지는 대신, 증오 안에 숨은 나르시시즘과 그 파괴성을 적나라하게 드러내야만 한다는 것이다. 두려움 대신 유머로 증오를 다루며 그 정체를 밝히면 증오는 스스로 자신을 심판한다.

증오와 그 후유증의 계몽

증오 문제를 고민한 모든 위대한 지성은 이 파악하기 힘든 현상을 최대한 자세히 연구해야만 한다는 점에 대해서만큼은 의견이 일치했다. 증오가 왜 생겨나는지 그 원인을 밝혀 두려움과 무력감의 정체를 가려 보아야만 우리는 이 숙명적인 감정의 위험에서 벗어날 수 있다. 증오의 뿌리와 생성 조건, 진행 과정과 후유증을 분석하고 과학적으로 접근해야만 이 파괴적 충동은 고개를 숙인다.
'계몽', 단어의 본래 의미 그대로, 미몽에서 깨어나는 폭넓은 계몽이 필요하다. 학교와 교육단체의 공격성 억제, 강연과 토론을 통한 문제의식 고취, 문학과 영화 등 콘텐츠로 증오 조명하기, 가해자를 순화할 상담과 치료 대책 수립 등이 요구된다.

증오를 상대로 타협은 있을 수 없다. 증오 범죄는 용서의 대상이 아니다. 의도적으로 증오 범죄를 저지르고, 공개적으로 사과하고 용서를 구하는 태도는 용납될 수 없다. 유대인 철학자 헤르만 코헨이 쓴 다음의 문장은 곱씹어 볼 만하다.

"증오와 잔혹함의 뿌리는 대체 왜 그렇게 삐뚤어졌는지 알아내기가 절대 쉽지 않다. 증오와 잔혹함은 무슨 고결한 동기에 봉사하는 것처럼 꾸며 대기 때문이다. 때로는 종교가 화형대에 장작을 쌓아 불을 지르며, 때로는 조국이 외국에 대한 증오가 의무라고 강변한다. 인류를 괴롭힌 이런 악행은 늘 구실을 찾아가며 그럴싸한 구실을 지어내 사과하고 용서를 구했다."

코헨의 진단에 나는 정신과 전문의로서 증오는 워낙 원초적인 감정이라서 다른 모든 생각을 짓밟고, 지혜로운 감정은 말살하는 심리의 폭력이라고 덧붙이고 싶다. 그래서 명확하게 이름을 불러가며, 증오의 심리적 뿌리와 약점을 밝히고 사람들에게 알리는 계몽이 반드시 필요하다.

공격성의 승화

아무리 강조해도 지나치지 않은데, 증오는 공격성의 특수한 형식, 즉 매우 위험하고 원초적인 공격성이다. 증오는 저열한 충동이다. 동물의 공격성과 별반 다르지 않은데, 여기에 인간의 이성적 능력이 더해져 더욱 위험해진다. 동물은 먹을 것과 번식을 위해서 공격성을 활용하는 반면, 인간의 증오는 파괴와 죽음을 목표로 한다. 우리는 인간의 공격성을 건강하게 풀어낼 대안을 찾아야만 한다. 다시 말해서 공격적 잠재력의 물길을 긍정적인 방향으로 틀기 위한 노력이 필요하다. 사회의 모든 차원에서 활발하게 이뤄지는 토론, 학문의 진지한 다툼, 건강하고 공정한 경쟁, 스포츠, 창작활동 등이 그 대안일 것이다. 그리고 기본적으로 개인의 생존 투쟁은 모두를 위해 더 나은 삶을 이루려는 투쟁이 되어야 할 것이다.

극단적 언어의 순화

증오는 인간과 세상을 선과 악으로 나누고 극단적인 언어를 쏟아 낸다. 극단의 언어는 '차이'와 '중간의 색조'를 알지 못한다. 그래서 극단의 언어로는 다양한 스펙트럼을 지니고 있는 인간의 존재를 올바로 파악할 수 없다. '극단적radikal'이라는 형용사가 보여 주듯, 극단적 생각과 말과 행동은 뿌리(라틴어 '라딕스radix'), 인간 발달의 경우에는 유아기, 원초적 단계, 곧 생후 24개월까지 일어나는 각종 장애로 거슬러 올라간다. 이렇게 볼 때 극단의 언어는 증오를 거들 뿐 아니라, 증오 자체와 마찬가지로 원초적이다.

증오를 예방하기 위해서는 무엇보다도 오늘날 갈수록 더 인기를 끌고 있는 인터넷에 주의해야 한다. 혐오 댓글 방지야말로 미디어 기업의 사회적 책임을 위한 핵심 과제로 삼아야 할 것이다. 이용자는 소셜미디어를 책임감 있게 다루는 법을 배우고, 개인정보와 저작권 관련법을 숙지하며, 타인과 나누는 소통에서 예의를 지키는 감성을 키우고, 자신의 미디어 이용 습관을 반성할 줄 알아야 한다. 또한 인터넷에서 서로 존중하는 자세와 더불어 부당한 행위를 확실하게 지적할 수 있는 용기를 배워야 한다. 짜증과 분노를 건설적으로 다룰 때 건강하게 소통하는 문화가 바로 선다. 결국 문제의 핵심은 공감 능력의 장려이다.

소셜미디어에서 혐오 예방과 증오 퇴치를 위한 움직임이 일고 있는 것은 환영할 만한 일이다. 정치는 물론이고 기업도 문제의 심각성을 인지하고 대책 마련에 분주하다. 트위터는 광고 상품과 관련한 규칙을 개정해 증오를 부추기는 내용의 광고를 받지 않기로 결정했다. 예를 들어 인종, 피부색, 국적, 성적 취향, 성별 및 성정체성, 종교, 연령, 장애, 건강 상태, 퇴역 군인, 난민 또는 이민자를 문제 삼아 혐오를 조장하는 광고나 댓글을 제한하기로 한 것이다. 그 밖에 트위터는 범죄나 테러 목적으로 이용이 금지된다는 규정도 추가되었다.

창피 주기라는 야만적 행태의 척결

현재 우리 사회의 변화를 보여 주는 주요 키워드는 다음과 같다. 디지털화, 세계화, 이민, 팬데믹 후유증…. 그리고 여기에 증오의 자리가 점점 커지고 있음을 부인할 수 없다. 실제로 우리 사회에서는 언제부터인가 부끄러움이 사라지고 창피 주기가 횡행하고 있다. 추문 보도의 범람, 언어의 극단화, 악의적 발화와 댓글, 캐스팅 쇼의 사디즘 등 인터넷에 넘쳐나는 혐오는 상대를 깎아내리고 발가벗기려는 욕구의 산물이다. 증오를 극복하고자 한다면 우리는 이런 유행에 맞서야 한다.

창피 주기는 부끄러움과 다르다. 부끄러움은 인간만이 가지는 일종의 감정 센서로 서로 교류하고 각자의 품위와 존엄을 지켜 주는 중요한 역할을 한다. 반대로 창피 주기는 내면이 아닌 외부로 향한 공격성으로 개인이든 집단이든 깎아내리고 책임을 전가한다. 스위스의 정신과 전문의 다니엘 헬은 그의 유명한 책『부끄러움 예찬Lob der Scham』(2021)에서, "창피 주기는 공감과 관용을 말살하는 독"이라고 피력했다. 창피 주기는 부패와 불법을 고발하는 것과 전혀 상관없으며, 흔히 주장하는 것처럼 정당한 비판이라 하기도 어렵다.

창피 주기는 항상 파괴적이고 발가벗기는 굴욕을 줄 뿐이다. 창피를 주는 사람은 피해자의 입장을 헤아리지 못한다. 누군가에게 창피를 주고 싶은 사람은 인성 검사부터 받기를 바란다. 창피 주기는 정의를 바로잡는 멋진 행위가 아니다. 창피 주기는 불안감과 열등감에 사로잡혀 오직 자기중심적으로만 생각하고 행동하는 사람의 파렴치이다. 창피 주기의 본질은 냉철하게 조명되고 분석되어야만 한다. 그래야만 혐오를 조장하는 창피 주기라는 폭력적 행태를 방지할 수 있다.

나르시시즘에 물든 사회의 극복

나르시시즘이 그 자체로 나쁘다고 할 수는 없다. 문제는 정도를 넘어선 지나친 나르시시즘이다. 자기 자신을 긍정적으로 평가하고, 자신의 관심사를 정확하게 파악하며, 실천하고자 의지와 수행력이 높은 것, 그리고 자신이 품고 있는 가치를 인정하는 것은 안정적인 자존감의 전제조건이다. 그러나 모든 것을 오로지 자아 중심으로 바라보는 탓에 주변 사람을 무시하는 나르시시즘은 "나, 보다 나답게, 내가 최고야"라는 착각을 초래한다. 이렇게 해서 '나'는 사회적으로 고립되며, 인간관계는 얼어붙고 만다. 그리고 마침내 나르시시즘은 증오의 길을 열어 준다.

코로나라는 팬데믹이 발발하기 전까지 대다수 심리학자와 사회학자는 나르시시즘에 물든 사회를 비판하며, "나르시시즘 시대"에 마침표를 찍자고 고언을 아끼지 않았다. 이는 곧 자아 중심의 세계관에서 탈피해 공동선을 추구하자는 호소와 다르지 않다.

공동선이란 함께 머리를 맞대고 최선책을 찾는 자세를 뜻한다. 그래서 공동선은 타인의 존재를 경시하는 나르시시즘이 공격성을 발휘하지 못하도록 차단한다. 개인과 사회 전체의 과도한 나르시시즘을 반추하고 성찰하는 일은 자아도취의 위험을 직시하고 그 마력을 무력하게 하는 유일한 길이다.

존중의 정립

존중과 배려가 점점 사라지고 있다. 감정의 디지털화와 함께 이른바 '쿨함'이라는 가면을 소통의 이상처럼 떠받드는 자아도취적인 시대정신은 공격 상대의 약점만 집요하게 물고 늘어지고 도발하며 각종 추문을 조합해 낸다. 이로써 언어는 갈수록 거칠어지며, 도대체 명예라는 게 무엇인지 혼란스러운 위기가 빚어진다. 실례로 고령화의 속도는 빨라지기만 하는데 노인을 존중하고 배려하는 분위기는 갈수록 흐려지고 있다.

    존중은 증오 사회의 가장 효과적인 방화벽이다. 서로 배려하는 가운데 이뤄지는 만남, 다르게 생각하는 사람의 의견도 인정할 줄 아는 관용, 개성의 인정과 존중, 사적이든 공적이든 건설적 비판과 피드백의 장려는 증오의 틈을 허락하지 않는다. 존중은 미움을 줄이고 사랑을 키운다.

공감 능력의 장려

미국의 전임 대통령 버락 오바마는 "공감의 결여"를 오늘날 가장 심각한 문제로 꼽으며 이로 말미암아 우리 사회가 위협을 받고 있다고 꼬집은 바 있다. 독일의 심리학자이자 사회학자인 도리스 비쇼프쾰러Doris Bischof-Köhler는 공감을 이렇게 정의한다.

> "공감이란 관찰자가 상대방의 감정 또는 의도를 공유함으로써 상대방의 느낌이나 의도를 이해하는 과정이다."

상대의 입장을 헤아리는 능력은 긍정적인 사회생활의 필수 조건이다. 상대의 감정이나 생각을 감지하고 그에 맞추어 반응할 수 있다면 인간관계는 확연히 개선된다. 공감 능력은 생애 첫 2년 동안 자아의식의 형성과 더불어 발전한다. 다음 세 가지 요소를 중심으로 공감 능력을 장려하도록 하자.

- 애정
- 섬세한 배려
- 시간

공감은 정의감 형성에도 중요한 역할을 한다. 정의감이 상처를 받았을 때 흔히 복수 욕구와 증오가 생겨난다. 어떤 정의롭지 못한 일을 목격할 경우, 우리는 자신이 상처를 받은 것처럼 느끼며 부당한 대우를 받은 사람이나 집단의 권리를 회복해 주거나 방어하려 노력한다. 종종 이러한 노력은 증오를 수반하기도 한다. 증오를 이겨 내려는 사회적 싸움에서 정의를 실현하는 정치가 중요한 이유이다.

짐작도 못 한 소통 방법이 넘쳐나는 우리 시대는 오히려 직접적인 대면 접촉과 더불어 공감을 키울 기회를 상당 부분 잃어 가고 있다. 가상의 만남은 상대의 기쁨이나 실망을 체감하는 경험을 결코 대체할 수 없다. 증오는 비인격적인 만남을 선호한다. 공격성은 네트워크에서 익명으로 주고받는 소통으로 힘을 키운다. 공감을 지우고 거부하는 태도야말로 증오를 부추기는 핵심 조건이다. 즉 공감의 장려가 증오를 막는 가장 중요한 방법인 것이다.

침착하게 평화적으로

세계주의자이기도 한 스티븐 호킹Stephen Hawking(1942~2018)의 말을 음미해 보자. 그는 동굴에 살던 원시인에게 공격성은 더 많은 식량과 영역과 짝을 차지하는 데 장점으로 작용했으리라고 보았다. 하지만 호킹은 이런 공격적 태도가 오늘날 인류에게 가장 큰 위협으로 작용해, 이를테면 핵전쟁의 발발로 인류 자체가 소멸할 수 있다고 경고한다. 호킹은 러시아가 우크라이나를 침공하고 핵전쟁 위협을 예감이라도 한 것일까? 죽기 직전 그는 이렇게 말했다.

"공감은 우리를 함께 묶어 준다. 그래서 침착하고도 평화롭게 살 수 있게 해 준다."

그건 아니다

나치스 정권의 폭압에서 살아남은 유대인 잉게 아우어바허Inge Auerbacher는 2022년 1월 27일 나치스 희생자들을 기리는 추모 연설을 하며 이렇게 말했다.

"나의 간절한 소망은 모든 사람들의 화해입니다."

그녀는 여덟 살 때인 1942년 가족과 함께 강제수용소 테레지엔슈타트로 끌려갔다. 그녀는 나치의 살인적 광기로 가족을 잃었으며, 3년 동안 더없이 비인간적인 환경에서 살아야 했다. 천신만고 끝에 풀려난 잉게는 결핵에 걸려 생명을 잃을 정도로 허약했음에도 미국에서 화학을 공부하고 40년 동안 학자로 일했다. 그녀는 아무 잘못 없이 살해당한 이들을 추모하는 일에 헌신하기로 결심했다. 그녀는 자신이 몸소 겪은 일을 책으로 펴냈으며, 오랫동안 독일 전역을 누비며 학교를 찾아 강연을 했다. 그의 강연은 늘 다음의 말로 끝을 맺었다.

"나는 증오하려고 살아남지 않았습니다."

Die dunkle Leidenschaft
Wie Hass entsteht und was er mit uns macht

참고문헌

Arendt H. (2007): *Über das Böse. Eine Vorlesung zur Frage der Ethik.* Piper

Breuer J., Elson M. (2017): *Frustration–aggression theory.* In: *The Wiley Handbook of violence and aggression.* Ed. by P. Sturmey, Hoboken

Brodnig I. (2018): Lügen im Netz. Wie Fake News, Populisten und unkontrollierte Technik uns manipulieren. Brandstätter

Canetti E. (1980): *Masse und Macht.* Fischer

Ciompi L., Endert, E. (2011): *Gefühle machen Geschichte: Die Wirkung kollektiver Emotionen – von Hitler bis Obama.* Vandenhoeck & Ruprecht.

Demmerling C., Landweer H. (2007): *Philosophie der Gefühle. Von Achtung bis Zorn.* J. B. Metzler

Dilling H. et al. (Hrsg.) (2006): *World Health Organization: Internationale Klassifikation psychischer Störungen. ICD-10 Kapitel V (F).* Huber

Eagleton T. (2011): *Das Böse.* Ullstein

Eifert G. H., McKay M., Forsyth J. P. (2010): *Mit Ärger und Wut umgehen: Der achtsame Weg in ein friedliches Leben.* Huber

Falkai P. Wittchen H.U. et al. (Hrsg.) (2020): *Diagnostische Kriterien DSM-5: Deutsche Ausgabe.* Hogrefe

Fiedler P., Herpetz S. (2016): *Persönlichkeitsstörungen.* Beltz

Fiorato P., Schmid P.A: (Hrsg.) (2015): *»Ich bestreite den Hass im Menschenherzen« Überlegungen zu Hermann Cohens Begriff des grundlosen Hasses.* Schwabe

Fischer J. (2021): *Hass.* Klostermann/Nexus

Fisher, A., Halperin, E., Canetti, D., & Jasini, A. (2018): *Why We Hate.* Emotion Review. Volume 10

Freud S. (2014): *Gesammelte Werke.* Anaconda

Frey D. (Hrsg.) (2015): *Psychologie der Werte.* Springer.

Frisch M. (2017): *Wie Sie mir auf den Leib rücken! Interviews und Gespräche.* Hrsg. von Thomas Strässle. Suhrkamp

Fromm E. (1985): *Psychoanalyse und Ethik. Bausteine zu einer humanistischen Charakterologie.* dtv

Fromm E. (2017): *Anatomie der menschlichen Destruktivität.* rororo.

Gruen A. (2001): *Hass in der Seele: Verstehen, was uns böse macht*. Herder Spektrum TB.

Gruen A. (2002): *Das Fremde in uns*. dtv

Gruen A. (2020): *Der Wahnsinn der Normalität. Realismus als Krankheit: eine Theorie der menschlichen Destruktivität*. dtv

Haller R. (2019): *Das Wunder der Wertschätzung. Wie wir andere stark machen und dabei selbst stärker werden*. Gräfe und Unzer

Haller R. (2021): *Rache – gefangen zwischen Macht und Ohnmacht*. Ecowin

Halperin, E. (2008): *Group-based Hatred in Intractable Conflict in Israel*. In: Journal of Conflict Resolution, 52(5), 713–736.

Haubl R., Caysa V. (2007): *Hass und Gewaltbereitschaft*. Vandenhoeck & Ruprecht

Heinelt G. (1978): *Umgang mit aggressiven Schülern*. Herder

Hell D. (2018): *Lob der Scham*. Psychosozial Verlag

Hodge P. (2013): *Gender-motivated hate crimes*. In: Renzetti C.M., Miller S.L., Gover A.R. (Hrsg.): *Routledge International Handbook of Crime and Gender Studies*. Routledge

Kahle R. et al. (Hrsg.) (1985): *Hass. Die Macht eines unerwünschten Gefühls*. Rowohlt

Kernberg O. (1991): *Die Psychopathologie des Hasses*. In: Forum der Psychoanalyse 7, 251 - 270

Kernberg O. (2016): *Hass, Wut, Gewalt und Narzissmus*. Lindauer Beiträge zur Psychotherapie und Psychosomatik, Michael Ehrmann(Series Ed.).Kohlhammer

Kernberg O.F., Hartmann H.P. (2018): *Narzissmus: Grundlagen – Störungsbilder – Therapie*. Schattauer

Kirchner F., Michaelis C. (1911): *Kirchners Wörterbuch der philosophischen Grundbegriffe*. Meiner.

Köhlmeier M. (2016): *Das große Sagenbuch des klassischen Altertums*. Piper

Kolnai A. (2007): *Ekel-Hochmut-Hass. Zur Phänomenologie feindlicher Gefühle*. Suhrkamp

Lorenz K. (1974): *Das sogenannte Böse. Zur Naturgeschichte der Aggression*. dtv

Markowitsch H. J., Siefer W. (2007): *Tatort Gehirn – Auf der Suche nach dem Ursprung des Verbrechens*. Campus

Mealey L. (1995): *The sociobiology of sociopathy: An integrated evolutionary model*. In: *Behavioral and Brain Sciences*, 18(3): 523–599

Mendes N. et al. (2017): *Preschool children and chimpanzees incur costs to watch punishment of antisocial*. Nature Human Behavior

Mussel P., Reiter A M. F., Osinsky, R., Hewig J. (2014): *State- and trait-greed, its impact on risky decision-making and underlying neural mechanisms*. In: *Social Neuroscience* 10.

Payk T. R. (2008): *Das Böse in uns. Über die Ursachen von Mord, Terror und Gewalt*. Patmos

Peters U. H. (2016): *Lexikon Psychiatrie, Psychotherapie, Medizinische Psychologie*. Urban & Fischer

Rusch H. (2014): *The evolutionary interplay of intergroup conflict and altruism in humans: a review of parochial altruism theory and prospects for its extension*. In: *Proceedings of the Royal Society* B: Biological Sciences 281

Safranski R. (1999): *Das Böse oder Das Drama der Freiheit*. Fischer.

Salter A. (2006): *Dunkle Triebe. Wie Sexualtäter denken und ihre Taten planen*. Goldmann

Saß H. (1987): *Psychopathie, Soziopathie, Dissozialität*. Springer

Schlüter C., Kraag G., Schmidt J. (2021): *Body Shaming: an Exploratory Study on its Definition and Classification*. In: *International Journal of Bullying Prevention. In: International Journal of Bullying Prevention*, 9. November 2021

Schopenhauer A. (Autor), v. Löhneysen W. (Mitwirkende) (2018): *Sämtliche Werke in fünf Bänden*. Nicol

Stern R. (2017): *Der Gaslight-Effekt. Wie Sie versteckte emotionale Manipulationen erkennen und abwenden*. Komplett-Media.

Sternberg, R. J. (2005): *The psychology of hate*. In: American Psychological Association.

Wirtz M.A. (Hrsg.) (2019): *Dorsch – Lexikon der Psychologie*. Hogrefe
Witte K.H. (2014): *Alfred Adler Studienausgabe, Bände 1-7*. Vandenhoeck & Ruprecht
Wurmser L.(1999): *Magische Verwandlung und tragische Verwandlung: Die schwere Neurose – Symptom, Funktion, Persönlichkeit*. Brill Deutschland GmbH

옮긴이 김희상

성균관 대학교와 같은 학교 대학원에서 철학을 전공했다. 독일 뮌헨의 루트비히 막시밀리안 대학교와 베를린 자유 대학교에서 헤겔 이후의 계몽주의 철학을 연구했다. 『마음의 법칙』『사랑은 왜 아픈가』『말로 담아내기 어려운 이야기』『늙어감에 대하여』『자유 죽음』『존재의 박물관』등 130여 권의 책을 번역하고 어린이 철학책『생각의 힘을 키우는 주니어 철학』을 집필·출간했다. '인문학 올바로 읽기'라는 주제로 강연과 독서 모임을 활발히 펼치고 있다.

모든 것을 파괴하는 어두운 열정
: 증오의 역습

라인하르트 할러 지음
김희상 옮김

초판 1쇄 발행일 2024년 9월 27일

발행 책사람집
디자인 오하라
제작 세걸음

ISBN 979-11-94140-01-6 (03180)

표지 그림 ⓒ René Magritte / ADAGP, Pairs - SACK, Seoul, 2024

이 서적 내에 사용된 일부 작품은 SACK를 통해 ADAGP와 저작권 계약을 맺은 것입니다. 저작권법에 의하여 한국 내에서 보호를 받는 저작물이므로 무단 전재 및 복제를 금합니다.

책사람집

출판등록 2018년 2월 7일
(제 2018-000269호)
주소 서울시 마포구 토정로 53-13 3층
전화 070-5001-0881
이메일 bookpeoplehouse@naver.com
인스타그램 instagram.com/book.people.house/

이 책은 저작권법에 따라 보호받는 저작물이므로 무단 전재와 무단 복제를 금합니다.
책 내용의 전부 또는 일부를 이용하려면 반드시 저작권자와 책사람집의 서면 동의를 받아야 합니다.

파본은 구입처에서 바꿔 드립니다.